Eduard Wagner 2017

Przedmowa

Możesz to zobaczyć, jak chcesz: Czy to są wspomnienia, czy to tylko sekwencja wydarzeń w moim życiu. Chciałbym powiedzieć, że w momencie, gdy tego doświadczyłem, wierzyłem, że to słuszne. Nie miałem prawie żadnych rad od krewnych lub przyjaciół, czy to było właściwe, czy nie. Ale zawsze było pytanie, czy wziąłbym to pod uwagę. Oczywiście na kolejnych stronach zawsze są miejsca, w których jestem na granicy legalności. Ale ponieważ to było jakiś czas temu i osobiście popieram to, co wtedy zrobiłem lub czego nie zrobiłem, nie widzę żadnych problemów, jeśli pojawią się te konsekwencje. To, czy jest to spełnione, czy szczęśliwe życie, zależy nie ode mnie, ale od czytelnika, ale na koniec wyciągnę wniosek.

© 2021 Eduard Wagner
Herstellung und Verlag: BoD – Books on Demand, Norderstedt
ISBN: 9783755760887

Rodzina 1970

Grudzień 1959 dom rodzinny

Pod koniec 1959 roku ujrzałem światło dzienne w Wiedniu, chociaż tam byłem, ale prawie tego nie pamiętam. Przyszedł jako drugi urodzony, mój brat miał już 6 lat w rodzinie szwabskiej w Dunaju. Aby wyjaśnić moje pochodzenie: pod koniec drugiej wojny światowej partyzanci wyrzucili moich rodziców z dzisiejszej Serbii i zagrozili im życiem. Ponieważ należeli do grupy etnicznych Niemców (szwabów naddunajskich), ich językiem ojczystym był niemiecki, co oznacza, że mogli również mówić po serbsko-chorwackim. Ich przodkowie byli obecnie osiedlani przez Prinza Eugena na terenie ówczesnej Jugosławii w celu wzmocnienia tamtejszej infrastruktury, co im się udało. W zawierusze II wojny światowej zostali następnie wypędzeni przez partyzantów z północy i południa z groźbą życia. Do tego czasu osiągnęli dobrobyt i reputację, gdzie nie było żadnej wrogości między żyjącymi tam Jugosłowianami a ludnością niemieckojęzyczną. Moich rodziców i ich rodziny powitano w 1944 roku słowami: Co ty tam robisz? Dlaczego tak dobrze mówisz po niemiecku? Zakradnij się do domu. Wtedy był to tylko przyjęcie „cudzoziemców". Dziś już nie można sobie wyobrazić. Cóż z powrotem do mnie. Miałem łatwe dzieciństwo, przynajmniej do 10 roku życia. Mój ojciec uprawiał swój zawód, którego nauczył się już w Serbii, a moja matka była, jak to było wówczas w zwyczaju, gospodynią domową. Na ile pozwalały na to środki moich rodziców, dostałem wszystko, od zabawek po rowery i tym podobne. Latem co roku jeździłem z bratem i matką do pensjonatu w południowej Dolnej Austrii na dwa do trzech tygodni. Ojciec, który ze względów finansowych musiał pracować w tygodniu, przyjechał do nas w piątek motorowerem i został do niedzieli. Należy zauważyć, że mój ojciec otrzymał prawo jazdy dopiero w 1972 roku. W tym czasie poznałem też rodzinę, która mieszkała w pobliżu pensjonatu. W tym były dwie córki, jedna o pięć lat młodsza, a druga o rok starsza. Czyli starsza już spotkała mnie z pieluchami.

Wrzesień 1966 szkoła

Początek mojej szkolnej kariery. W szkole podstawowej chodziłem do klasy dla chłopców. Absolwentka ówczesnego Pädagu przedstawiła się jako nauczycielka. Miała około 25 lat i o ile mogłem stwierdzić, piękną kobietę w tym wieku. Wciąż pamiętam anegdotę, która w tamtym czasie mocno mnie zszokowała. Na początku moich szkolnych dni przyszedłem do mamy i powiedziałem jej: Ty, mamo, nauczycielka pomalowałaś jej palce jaskrawoczerwone. Jak możesz zrobić coś takiego? Tłem było to, że nauczycielka Ulrike malowała tylko paznokcie, co nie było wówczas dla mnie czymś powszechnym. Myślę, że moja mama odwróciła się wtedy na bok i prawdopodobnie musiała się uśmiechnąć, a potem wyjaśniła mi, o co w tym wszystkim chodzi. Cóż, ukończyłem szkołę podstawową z bardzo dobrymi ocenami, poza malarstwem i rysunkiem. Ale miałam też szacunek dla „nauczycielki", która wykroczenia karała „stoją w kącie". Droga do szkoły, wtedy wszystko jeszcze na piechotę, zawsze była wyzwaniem, bo zawsze był jeden, dwóch, trzech szkolnych kolegów, z którymi można było żonglować na chodniku.

Wrzesień 1970 liceum

Po tym, jak wciąż marzyłam o wymarzonej pracy „lekarza" w tym wieku i odpowiednio uzyskałam świadectwo ukończenia szkoły podstawowej, moi rodzice zarejestrowali mnie w sąsiedniej dzielnicy w liceum. W 1969 roku mój ojciec zwrócił swoją licencję handlową na naprawę butelek po wodzie sodowej, ponieważ nie było to już opłacalne, a następnie zajął się nową pracą, mianowicie sprzedażą gazet codziennych. Oznacza to, że sprzedał największą gazetę w naszym kraju jako kolporter wieczorem do około 23:00 na stoisku. Ponieważ było to w połowie opłacalne, moja mama również zaczęła sprzedawać gazety. Dzięki temu mogli oszczędzić sobie przez lata dużo pieniędzy, oboje, czyli mój brat i ja, nie zaniedbano dobrego samopoczucia. Cóż, teraz byłam w pierwszej klasie liceum humanistycznego. W poniedziałki zawsze była matematyka i angielski jeden po drugim. Cóż, przez jakiś czas minęło to w połowie, ale po pewnym czasie zachorowałem i rodzice napisali mi potwierdzenie, że jestem chory. Ale ponieważ kadra nauczycielska nie zabrała mi tej pracy, zatrzymałem ją. Teraz poniedziałek z angielskim i matematyką stawał się dla mnie coraz bardziej odrażający, więc wpadłem na pomysł, aby w jeden lub drugi poniedziałek iść na niebiesko i nie chodzić do szkoły. Następnie przedstawiłem potwierdzenie, że sam jestem chory, podpisem rodziców. Ponieważ były to w większości te same choroby, a podpis nie był już najlepszy, stało się tak, jak musiało. Nagle moi rodzice otrzymali wezwanie do przyjścia do szkoły. Oczywiście pytano ich o moje brakujące dni i wynikające z nich oceny i byli odpowiednio zaskoczeni lub rozczarowani mną. Konsekwencją tego było to, że szkoła skazała mnie na „kataklizm" (4 godziny samodzielnego pisania kary w szkole). Według mojej najlepszej wiedzy ten rodzaj kary już dziś nie istnieje. Ostatecznie rok szkolny zakończył się dwiema piątkami. Oznacza to, że musiałem powtórzyć pierwszą klasę, ponieważ wtedy było to jeszcze wymagane.

Wrzesień 1971 szkoła z internatem

Po tym decydującym dla mnie wydarzeniu zebrała się rada rodzinna w postaci moich rodziców i siedemnastoletniego brata. Musiałoby być wysłane z wyprzedzeniem, że mój ojciec był w niemieckojęzycznej szkole z internatem przez kilka lat podczas swoich szkolnych dni w Serbii. Udzielono więc rady, do której szkoły powinienem nadal chodzić. Ponieważ oczywiście w wieku 11 lat nie miałem pojęcia lub ograniczałem się tylko do tego, co mnie czeka, musiałem zaakceptować decyzję rady rodzinnej. Ponieważ zostałam ochrzczona od urodzenia jako protestantka, moja rejestracja w katolickich szkołach z internatem, takich jak bracia szkolni w Strebersdorf, nie została zaakceptowana. Ta decyzja spowodowała, że poszedłem do szkoły z internatem w XIII dzielnicy, w skład której wchodziło również gimnazjum humanistyczne. Długo kłóciłam się z tą decyzją ze strony rodziców, bo byłam tam mniej więcej zamknięta od niedzieli wieczorem do soboty w południe. Jeśli „zepsułem" coś w ciągu tygodnia, oczywiście nie było również żadnego wyniku w weekend. Na szczęście w 13. dzielnicy rzadko się to zdarzało. Jedno było ciekawe w tym domu, bo szefem tej placówki był wnuk Wojciecha Stiftera (tak samo się nazywał). Ten reżyser był zapalonym palaczem fajki, gdzie dym można było wyczuć w całym budynku i z coraz większą intensywnością, wiedzieliśmy, że niebezpieczeństwo jest nieuchronne. W Himmelhof spędziłem 3 lata, tak nazwano tamtejszą szkołę z internatem. Potem przeniosłem się do szkoły z internatem o tej samej nazwie w 2. dzielnicy z tym samym nauczycielem Franzem. Ale obyczaje były tam takie same jak w 13. dzielnicy. Oznacza to, że jeśli w ciągu tygodnia doszło do wykroczenia z mojej strony, mimowolnie pozwolono mi spędzić weekend z karą w szkole z internatem. Ponieważ opieka tam nie była zbyt dobra i oczywiście też się zestarzałam, często były weekendy w internacie. W tym czasie, mając 13 lat, poznałem papierosy, co również skutkowało koniecznością pozostania w domu. Ta przyjaźń z nikotyną została ze mną do dziś. Całość poszła całkiem dobrze do czwartej klasy, a potem dostaliśmy nauczycielkę biologii z Karyntii, która właśnie skończyła studia. Dla nas, uczniów w wieku od 14 do 15 lat, była oczywiście wyzwaniem w zakresie dojrzewania, ponieważ była ładną kobietą o podobnej sylwetce. Dałam się więc ponieść jednemu stwierdzeniu podczas lekcji, które przyniosło mi najgorszą ocenę zachowania. Poza tym zbierałem też najgorsze oceny z różnych przedmiotów, tak że musiałem powtarzać 4 klasę. To się udało i ponieważ nie było już tego w domu, musiałem iść do V klasy gimnazjum humanistycznego w sąsiednim powiecie. Ponieważ nadal chciałem zostać lekarzem, założyłem, że będę posługiwał się starożytną greką, ponieważ bardzo podobał mi się również język łaciński. Ciekawe było wtedy, że po raz pierwszy trafiłem do mieszanej klasy, ale było tam tylko 6 dziewczynek i reszta chłopców. W pierwszym semestrze wciąż byłem trochę chętny do nauki, ale ponieważ w ogóle nie lubiłem starożytnej greki, oceny wyglądały odpowiednio. Nie skończyło się to na tym samym temacie, więc musiałbym powtórzyć zajęcia, tyle że wtedy nie było to już możliwe. Więc moi rodzice zdecydowali, że mam 17 lat, że rozpocznę naukę zawodu. Kiedy miałem około 16 lat, wtedy jeszcze w internacie, podszedł do mnie Ernst, który był synem koleżanki mojej mamy, czy nie chcę chodzić na tańce ludowe w każdy piątek wieczorem. To było oczywiście trudne przedsięwzięcie w internacie, bo nie zawsze wychodziło się stamtąd. W końcu pozwolono mi wyjść w piątek od 18:00 do 22:00. Tańce ludowe odbyły się w domu Szwabii Dunaju w 3. dzielnicy. Kiedy po raz pierwszy tam dotarłem, znalazłem około 30 młodych mężczyzn i kobiet, z których byłem jednym z najmłodszych. Pochodzący ze Szwabii Dunaju przedstawił mi się jako lider, który ćwiczył z nami tańce ludowe. Ale ponieważ byłem zdecydowanie antytalentem, jeśli chodzi o taniec, ten mężczyzna również miał trudności z nauczeniem mnie tego. Wciąż pamiętam epizod, w którym superwizor ujął moje udo w rękę, ponieważ nie rozumiałem kolejności naprzemiennego kroku. Prawdopodobnie do dziś nic się w tym nie zmieniło. W te wieczory uczyliśmy się tańców ludowych z 8 do 10 parami, które następnie wykonywaliśmy w sezonie balowym w styczniu i lutym. Z biegiem czasu rozwinęła się grupa rówieśników, którzy dwa razy w tygodniu chodzili na kręgle na wiedeńskim Praterze. Oznacza to treningi raz w tygodniu i mistrzostwa w piątek. Ponieważ mieliśmy sponsora, firmę spedycyjną, nie kosztowało to nas zbyt wiele. Około 1982 roku 7 mężczyzn i kobiet pływało z tą firmą latem na 10-osobowym żaglowcu ze Splitu do Dubrownika. Każdego dnia w tym tygodniu jeździliśmy na wyspę, robiliśmy sobie przerwę, a potem jechaliśmy dalej. To było wspaniałe doświadczenie

Sierpień 1972 weekendowy dom

Po tym, jak zmiana kariery mojego ojca w 1969 roku zakończyła się sukcesem pod względem oszczędności, udało im się zaoszczędzić sporo pieniędzy. Teraz moi rodzice szukali małego domku weekendowego w Dolnej Austrii. Znaleźli to, czego szukali, w południowej części basenu wiedeńskiego, w gminie liczącej około 10 000 mieszkańców. Pierwszy widok wydał się moim rodzicom okazją, ale nie mogli sobie wyobrazić, co będzie dalej. Dla mnie jako 12-

latka była to oczywiście przyjemność, bo na posesji było dużo drzewek i krzewów owocowych, które pozwolono mi spalić po odpiłowaniu, żeby budynek z 1930 roku też był widoczny. Pamiętam, że po chwili spalenie trochę przeszkadzało sąsiadom, wtedy było to jeszcze dozwolone. Ale tak, byliśmy „Wiedeńczykami", którzy przybyli do Dolnej Austrii, aby się rozwijać. Cóż, drzewa i krzewy zostały usunięte i można było zobaczyć dom. Miał tę wadę, że nie był używany od lat i dlatego był w opłakanym stanie z podłogą i poddaszem. Kiedy wszystko spaliłem, wziąłem rower i zacząłem eksplorować teren z górami, które do niego należały i musiałem raz po raz przejeżdżać obok osiedla robotniczego. Pewnego dnia facet, który właśnie tam był, zapytał mnie, czy mogę zejść z roweru i usiąść z nim. Zrobiłem, o co prosił i usiadłem z nim. Potem przyszło więcej chłopców i rozwinęła się ciekawa rozmowa. Od tego spotkania nawiązała się przyjaźń przez co najmniej dziesięć lat i co weekend robiliśmy coś innego. Dopiero z biegiem lat partnerzy dołączyli, każdy z tych przyjaciół przeniósł się w inne miejsce w Dolnej Austrii i przyjaźnie się rozpadły.

Dom po remoncie

1972 pierwszy pocałunek

Ponieważ moi rodzice zawsze chcieli wyjechać latem na wakacje, poprosili kościół ewangelicki w Wiedniu, aby cała rodzina wyznawała tę samą wiarę. Zaowocowało to wakacjami z całą rodziną w Styrii. Nie byliśmy tam jedyną rodziną, było tam około 50 osób. Robiliśmy codziennie wszystkie wycieczki i wędrówki, które zawsze były miłe. Pewnego dnia wróciliśmy z wycieczki trochę wcześniej, rozmawiała ze mną Angela, była ode mnie o rok młodsza. Powiedziała, że odkryła gniazdo szerszeni na strychu domu, w którym mieszkaliśmy i że bała się jeszcze raz samotnie na nie spojrzeć, czy mam iść z tobą.

Cóż, czemu nie, nic się nie może stać. Kiedy stanęliśmy przed tym gniazdem, nagle odwróciła się i pocałowała mnie w usta. Byłem przerażony, tylko moja mama mogła to zrobić i nikt inny nie mógł tego zrobić. Ale i tak zachowałem to dla siebie.

Wyprzedaż zimowa 1975

Ponieważ mój brat chciał coś dodatkowo zarobić jako urzędnik bankowy, jeździł z jednej restauracji do drugiej w 10. dzielnicy i sprzedawał tam największą gazetę codzienną. Ale ponieważ do 20 roku życia byliśmy jednym sercem i jedną duszą, powiedział, że mogę sprzedawać gazety i kupować kieszonkowe. W tym celu stałem na deptaku w 10. dzielnicy, ubrany w żółtą kurtkę i chwaląc moje gazety. Następnie wieczorem rozliczyliśmy się za 10-15 gazet. Nie było to zbyt opłacalne, ale, jak powiedziałem, moje kieszonkowe zostało zwiększone.

Wrzesień 1977 praktyka

Mój ojciec znał kierownika działu HR dużej hurtowni spożywczej i producenta w 16 dzielnicy, która była wówczas dobrze znana, więc rozpocząłem praktykę jako urzędnik biurowy. Pierwszą rzeczą jaką zrobiłem była praca w księgowości hurtowej. Znalazłem tam czterech mężczyzn w wieku 50 lat i więcej. Kierownikiem wydziału był upoważniony sygnatariusz. Ale ponieważ dopiero co wyszedłem ze szkoły z internatem, cieszyłem się odzyskaną wolnością. Przejawiało się to w tym, że nie byłam tak surowa w kwestii przesypiania nocy w wolnym czasie. Oznacza to, że teraz, kiedy miałem w Wiedniu przyjaciela imieniem Ernst, wyjeżdżaliśmy prawie każdego wieczoru. Oczywiście powrót do domu był spóźniony. Tak więc moja wydajność pracy następnego dnia była odpowiednia. Dyrektor generalny, do którego siedziałem plecami, stukał w stół długopisem, abym mógł kontynuować pracę. Jednak z biegiem czasu praca polegająca na dodaniu tylko 100 do 200 dowodów dostaw w ciągu całego dnia stała się dla mnie zbyt nudna, dlatego postanowiłem porozmawiać z szefem o tym, czy mogę zostać przeniesiony do innego działu w firmie. Moja prośba została spełniona i zostałem przeniesiony do działu herbaty. Spotkałem tam młodego dyspozytora, a jego szef był upoważnionym sygnatariuszem. Tutaj nie dowiedziałem się zbyt wiele o urzędniku, ale stary kierownik nauczył mnie dużo o herbacie. Musiałem więc przygotować degustację herbaty każdego ranka, która przeszła przez bardzo szczególny rytuał: zacząłem więc od ustawienia co najmniej 10 misek gorącej wody, a następnie pozwoliłem dodać tylko 2 gramy herbaty. Następnie dżentelmen przeszedł i wziął łyk z każdej miski, trzymając ją w ustach i pozwalając mu spływać po kubkach smakowych. Dzięki tej obsłudze był w stanie określić jakość tej herbaty, a następnie zamówił odpowiednią ilość. W trakcie mojej pracy w tym dziale dobudowano automatyczny zakład do produkcji torebek herbaty, co bardzo mnie zafascynowało, ponieważ z jednej strony herbata dostarczona była w dużych pudłach, a na końcu gotowych 20-25 torebek wyszedł zapakowany. Ale ponieważ to, czego mogłem się nauczyć, było ograniczone, chciałem wrócić do nowego działu, więc przyszedłem do działu świeżych produktów, gdy miałem około 18 lat. Stamtąd codziennie przygotowywano dostawy owoców i warzyw dla 250 oddziałów. W tym celu poszczególne sklepy musiały oczywiście codziennie przyjmować zamówienia przez telefon. Ponieważ osiągnąłem wiek, w którym zgodnie z ustawą o ochronie młodzieży wolno mi było pracować w godzinach nadliczbowych, zapisałem się na niedzielne nabożeństwa, które były odpowiednio wynagradzane. Moi koledzy byli w moim wieku, więc szybko zawiązały się przyjaźnie. Więc od czasu do czasu szliśmy się napić po naszej niedzielnej pracy, aż ktoś powiedział, że ma ze sobą coś, co można spożywać tylko w zamkniętych pomieszczeniach. Kiedy byłem wtedy naiwny, weszliśmy do mieszkania i usiedliśmy na podłodze z braku miejsc. Nagle wspomniany kolega wyjął z kieszeni papierosa, zapalił i podał dalej. Niczego nie podejrzewając, podobnie jak inni, przyciągnąłem tego rzekomego papierosa. Potem, kiedy został wypalony, poinformowano mnie, że to jest joint. Moje podsumowanie było dobre, moja łatwowierność i przede wszystkim nic nie czułam, więc sprawa została załatwiona za mnie i nigdy więcej czegoś takiego nie dotknęłam.

Wrzesień 1978 Pierwsze mieszkanie

Po tym, jak mój brat powiedział w wieku około 21 lat, że nie będzie już miał żony i że ma już własne mieszkanie, dostałem małe mieszkanie o powierzchni około 35 metrów kwadratowych w tym samym domu, w którym mieszkali moi rodzice w Wiedniu. W tym czasie jednak zaczęła się też tam, gdzie musiałam walczyć przez około 30 lat. Z jednej strony miałem w weekend przyjaciół w Dolnej Austrii i przyjaciela w Wiedniu. Z tym ostatnim wychodziłem prawie codziennie w ciągu tygodnia i tak się złożyło, że nie robiliśmy wielu różnych rzeczy. Chodziliśmy wtedy głównie do barów, w których można było grać w karty. Ale ponieważ z czasem stało się to trochę nudne, postanowiliśmy grać na pieniądze. Ale to też nie było satysfakcjonujące, więc widzieliśmy maszyny w lokalnych maszynach, w których można było włożyć pieniądze i wygrać. W tym czasie nazywano ich jednorękimi bandytami, których można było spotkać w całej Austrii. Tak, na początku zawsze były mniejsze lub większe zyski, ale z biegiem czasu był to oczywiście deficyt. Przede wszystkim odkryłem, że takie urządzenia są również dostępne w Dolnej Austrii. I tak zaczęło się moje uzależnienie, na pewno nie od razu, ale z biegiem czasu przekroczyłem granicę, której nie byłem świadomy.

Maj 1978 ślepota barw

W tym czasie musiałem udać się do austriackich sił zbrojnych na pobór. W tym czasie nie miałam żadnych dolegliwości zdrowotnych, ale wtedy przedstawiono mi kartkę z różnokolorowymi kropkami i poproszono mnie o odczytanie z niej numeru i listu. Ale nie mogłem tego zrobić, nawet patrząc na mapy pod różnymi kątami. Innymi słowy, stwierdzono, że jestem ślepy na kolory, a mianowicie na czerwono-zieloną ślepotę. Jednak Komisja ustaliła, że posiadam pełne kwalifikacje. Pół roku później chciałem zdobyć u ojca prawo jazdy na motocykl i samochód. Aby to jednak zrobić, musiałem też przejść test. Między innymi otrzymałem kolejną kartę kolorów, z której nie mogłem już niczego odczytać. Potem powiedzieli, że będę musiał przejść dalsze badania, w tym test reakcji w odpowiedniej radzie powierniczej i test psychologiczny w okręgu 3. Ten test psychologiczny miał około 20 stron i był żmudny do wypełnienia, ponieważ nie zrobiłem poczucie tego. Moim argumentem, który również wyraziłem, było to, że mam pełne kwalifikacje i nie wolno mi mieć prawa jazdy, więc po prostu cię zastrzelę, bo nie mogę wybrać między czerwonym a zielonym. O ile wiem, tylko czerwony na światłach jest zawsze w tym samym miejscu. W końcu dostałem prawo jazdy przynajmniej na samochód, zrezygnowałem z motocyklowego, mimo że miałem 2 motorowery w wieku 16 i 17 lat i nigdy nie miałem z nimi żadnego wypadku.

Październik 1980 Armia Federalna

Na początku października odbyłem służbę wojskową w austriackich Siłach Zbrojnych w koszarach Martinek (emerytura?). Pierwsze sześć tygodni było treningiem podstawowym i również wyczerpującym. Kiedy na początku grudnia były moje urodziny, byłam na dyżurze, że wszystkich rzeczy, i to w święto państwowe. Oznacza to, że około 15 osób otrzymało od dyżurnego strażnika po 20 sztuk ostrej amunicji dla każdego. Teraz musiałem siedzieć przy stole i czekać na rozkaz, powiedzmy, żeby chodzić po barakach. Nie wiem jak, ale nagle na stole pojawiła się 2 litrowa butelka z białym winem i moi towarzysze dopingowali mnie na urodziny. Tak, ale niestety nie była to jedyna butelka, którą wypiliśmy. Oznacza to, że podczas kolejnej kontroli na terenie koszar ścieżka stawała się coraz węższa i na koniec musiałem rozładować karabin z 20 nabojami ostrej amunicji w strzelnicach. Sam mi się nie udało, pomógł mi towarzysz. Cała sprawa pozostała bezkarna z wyjątkiem obowiązkowego raportu z następującym upomnieniem. Po pierwszych sześciu tygodniach zostałem przydzielony do biura rzecznika prasowego. Ten major był tam rano, ale potem wyszedł z biura i wrócił na godzinę przed końcem pracy. Moja praca polegała na wyszukiwaniu relacji o władcy w różnych gazetach codziennych. Nie było to czasochłonne zadanie, zostało wykonane dość szybko. Mogłem więc nadrobić to, czego bardzo mało miałem w nocy, a mianowicie spać. Kiedy wprowadziłem się w październiku, miałem 65 kilogramów podzielonych na moją długość. Na terenie koszar poznałem badeńskie wino, bo wcześniej go nie znałem. Kiedy po 8 miesiącach rozbroiłem się, ważyłem nie 65, a 72 kilogramy, których nie przekroczyłem do dziś.

Wrzesień 1980 zawód

Pomyślnie ukończyłem praktykę jako urzędnik, służbę wojskową mniej pomyślnie, więc pomyślałem, jak dalej. Teraz zainteresowałem się kursami wieczorowymi i rozpocząłem kurs księgowego, co szybko okazało się dla mnie nietrafione. Odkryłem więc, że komputery mają przyszłość i w latach 1980-1981 uczęszczałem na kursy programowania w Wi-Fi w Wiedniu, które odbywały się codziennie od 18:00 do 22:00. Dokończyłem to egzaminami przynajmniej w Pascalu, w Cobolu nie zdałem. Z certyfikatami miałem na myśli większe szanse na rynku pracy i pod koniec sierpnia 1981 r. rzuciłem pracę w hurtowni spożywczej. Od razu dostałem pracę jako urzędnik w firmie produkującej rury i skrzynki rozdzielcze, która znajdowała się w V dzielnicy. Po około roku przenieśliśmy się do XI dzielnicy, gdzie znajdowała się również fabryka tej firmy. Tam miałem sympatycznego, starszego absolwenta biznesu, który wielokrotnie próbował mnie zainspirować. Ale kiedy przeszedł na emeryturę, jego następczynią została dyplomowana inżynierka. Miało to na celu zaoszczędzenie pieniędzy i tak doszło do tego, że zostałem zwolniony po dwóch latach i dziewięciu miesiącach. W tym czasie była jeszcze odprawa z co najmniej dwoma pensjami, ale dopiero po trzech latach w firmie. Musiałem więc rozejrzeć się za nową pracą i dowiedzieć się o niej z gazet codziennych. Potem znalazłem pracę, w której dokonano wstępnej selekcji w testowym instytucie psychologicznym. Przyszedłem więc do tego instytutu na początku maja 1984 roku i otrzymałem pakiet 20 stron testów do wypełnienia. Po zrobieniu kilku wpisów w tej gazecie pomyślałem, że już trzymam te kartki w ręku. I tak właśnie było, lata wcześniej musiałem zdać ten sam test, żeby dostać prawo jazdy i tego dnia ubiegać się o pracę. Brzmi trochę dziwnie. Po przeanalizowaniu moich informacji zostałem poproszony o wywiad w 8. dzielnicy. Warunkiem tego stanowiska był jedynie roczny substytut urlopu rodzicielskiego. Tam musiałam rozliczać się ze stypendystami, którzy pracowali w ośrodku naukowym w Dolnej Austrii, a także dbać o księgę bankową. Ale ponieważ cała sprawa była dla mnie trochę za małym wyzwaniem, skierowałem się na kolejne zadania. Obejmowały one finanse, budżet i księgowość aktywów. Języki komputerowe, których się nauczyłem, które nabyłem przed laty, nie były używane, ponieważ uniemożliwiał to istniejący „programista". Tak skończył się pierwszy rok urlopu macierzyńskiego, a moja ówczesna szefowa, z którą miałam teraz kamień w zarządzie, bez wahania przedłużyła mi umowę. Ale ponieważ biuro w 8. dzielnicy zostało zamknięte około rok po dołączeniu do tej firmy (półpublicznej), musieliśmy przenieść się do Dolnej Austrii. Mieliśmy okazję skorzystać z autobusu firmowego z Wiednia. Ale praca zaczęła się dopiero o 8:30, a to było dla mnie za późno. Porozmawiałem więc z kolegą, że pojedziemy do pracy razem z moim drugim samochodem. W ten sposób przyczyniła się do pokrycia kosztów podróży. Oznacza to wstawanie z łóżka każdego dnia roboczego o 6 rano, jazdę 35 km i 35 km z powrotem wieczorem, bez względu na pogodę. Ale ponieważ w ogóle ceniłem tę pracę w Dolnej Austrii, zaakceptowałem to. Czas, który tam spędziłem, to nie tylko praca zawodowa, ale i osobiście bogata w doświadczenia praca, którą miałem w życiu, zwłaszcza że wiele się z niej nauczyłem. W księgowości tak nazywał się dział, w którym pracowałem, było około 15 kobiet i tylko 2 mężczyzn, co początkowo miało na mnie mniejszy wpływ. Jednak przez lata zaprzyjaźniłem się z kolegą, który pracował dwa pokoje dalej. Była młodsza o około 2 lata i całkiem mądra, mieszkała blisko pracy z rodzicami w dwurodzinnym domu. Jak musiało nadejść, tak było, przyjaźń stała się bardziej. Przez większość czasu przebywałem u niej w domu, ale wracałem do mojego mieszkania w Wiedniu. Pewnego dnia powiedziała mi, że jest ze mną w ciąży. Miałem wtedy około 26 lat i uważał, że moim obowiązkiem jest oświadczyć się jej, ponieważ się zgodziła. Szukaliśmy już kościoła lub urzędu stanu cywilnego i mniej więcej ustaliliśmy datę ślubu. W firmie oczywiście krążyła potajemna plotka, że dzieje się coś, co mi się nie podoba. Ponieważ jednak z jej strony było to tylko stwierdzenie ciąży i przez miesiące nie mogłem nic więcej widzieć ani słyszeć, zacząłem wątpić, czy to prawda. Teraz dodatkowo „presja" kolegów stawała się coraz większa. Dlatego pod koniec 1987 roku zdecydowałem się zrezygnować ze stanowiska po trzech i pół roku i dać jej pierwszeństwo w firmie, ponieważ jej kwalifikacje były niższe od moich. Oczywiście nie było też rozliczenia dwóch pensji, ponieważ sam złożyłem rezygnację. Jakiś czas później sprawdziłem rzekomą ciążę mojej dziewczyny, ale prawdopodobnie nigdy nie była w ciąży. Było mi przykro z powodu tej pozycji, ponieważ wiele się nauczyłem, nawet jeśli warunki nie zawsze były najlepsze.

Styczeń 1988 zatrudniony przez ojca

Ponieważ mój ojciec w tym roku skończył 58 lat, postanowiłem rozpocząć u niego pracę jako urzędnik, co oznacza, że w tym momencie byłem mniej lub bardziej samozatrudniony, ponieważ ojciec nie może zbyt wiele zrobić dla swojego syna. Ponieważ prowadziłem księgowość w szkole zawodowej, postanowiliśmy, że sami będziemy prowadzić księgowość. Nasz doradca podatkowy miał jedynie za zadanie sporządzenie odpowiedniego zeznania podatkowego lub bilansu i złożenie go w urzędzie skarbowym. W 1989 r. ten sam doradca podatkowy powiedział, że kwota 0,25 S w bilansie jest tylko kwotą Myszki Miki i dlatego jest nieistotna. Rozwiązaliśmy więc z nim umowę i przez kilka następnych lat sam sporządzałem zeznania podatkowe i wynikający z nich bilans, jedynym minusem było oczywiście to, że nie miałem w tym zakresie doświadczenia. Tak więc w następnym roku otrzymałem pismo z właściwego urzędu skarbowego. Kiedy go otworzyłem, przeczytałem warunek 1,5 miliona szylingów zaległości. Na szczęście siedziałem, kiedy otwierałem ten list.

Popełniłem błąd przecinka podczas wypełniania odpowiedniego formularza. Po około 4 do 5 wizytach poprawiłem to. W tym czasie miałem około 100 kolporterów (klientów), których musiałem dostarczać codziennie, bardzo niewielu zdążyło przyjechać do naszej siedziby w 20. dzielnicy. Tłumacząc, kolporterem była osoba, która wieczorem lub rano sprzedawała gazety codzienne w kolorowych kurtkach na placach, dworcach i ulicach. Dla mnie zawsze byli uważani za niezależnych kupców. Oznacza to, że kupowali ode mnie czasopisma, czyli wydawnictwa periodyczne, z pewnym rabatem, a następnie sprzedawali je po ustalonej cenie końcowej, która jest podana na każdym produkcie. Wadą tej branży jest to, że istnieje 100% prawo do zwrotu. Jeśli klient kupił ode mnie 10 sztuk magazynu i sprzedał tylko 5 z nich, mógł mi zwrócić pozostałe 5 sztuk, gdy magazyn był nowy, a następnie zostały one zrekompensowane. Oczywiście miałem też prawo do moich dostawców, takich jak hurtownie i wydawcy. Całość wiązała się oczywiście z ogromną ilością czasu, a przede wszystkim z precyzyjną kontrolą odpowiednich faktur. Tak więc 50-60 godzinny tydzień pracy nie był wyjątkiem, ale raczej regułą.

Wrzesień 1992 samozatrudnienie

Mój ojciec miał w tym roku 62 lata i musiałem wysuwać wiele argumentów, że w końcu przeszedł na emeryturę po 47 latach składek. Nie byłoby to dla niego zbyt duże finansowo. Więc przejąłem tę hurtownię czasopism z dwoma licencjami na handel, wtedy nie było innej drogi. Oznacza dwa członkostwo w wydziale izby iw efekcie dwie składki za to. Potem dwa do trzech lat później pojawił się konkurent. Ten pan Robin miał okazję założyć własny kolportaż z mniejszej gazety codziennej. Innymi słowy, dostarczał kilku cudzoziemcom kurtki i gazety codzienne i rozprowadzał tych ludzi po całym Wiedniu. Z biegiem czasu dowiedziałem się jednak, że ten człowiek nie oddał ludziom wolnych miejsc, ale zażądał od każdej osoby wpłaty w wysokości od 5 do 6 szylingów i że jeszcze przed przydzieleniem mu miejsca. Ponieważ, o ile mi wiadomo, było to napisane bardzo rzadko, już w tym momencie podejrzewałem, że w pewnym momencie może się to nie udać. Ponieważ mnie to zbytnio nie obchodziło, pozwoliłem mu rządzić. Potem pewnego dnia podszedł do mnie i powiedział, że możemy zrobić kontr-umowę, do czego nie miałam nic przeciwko. Dostałem czasopisma od kilku wiedeńskich wydawców na dobrych warunkach, iż nim nie było inaczej. To poszło dobrze przez jakiś czas, dostarczył do mnie, ja do niego i to zostało zrekompensowane. Ale pewnego dnia nie było to dużo do zdobycia, zadzwonił telefon i Robin był na linii. Powiedział, że wciąż jestem mu coś winien i że chce to odebrać. To mnie tak rozwścieczyło, że powiedziałem, że wyrzekłem się swojej prośby i nie chcę już więcej od niego słyszeć. Tak, cóż, to było tylko moje życzenie. Zatrudnił coraz więcej Arabów, Pakistańczyków i Hindusów, a potem w końcu trafił do moich dwóch głównych dostawców. Tłem tego jest to, że kiedy zacząłem pracować w hurtowni magazynów, rozmawiałem z tymi dwoma dostawcami, aby uzyskać 4,9% wyższą zniżkę. Oznacza to, że zamiast 28,2% ten wyższy z 33,1% brutto. Moja prośba pozostała bez odpowiedzi, nawet gdy pojechałem do siedziby jednego dostawcy w Salzburgu, a około 10 lat później osiągnąłem wzrost rabatu. Pan Robin poszedł do tych dwóch dostawców z czymkolwiek i od razu miał wyższy rabat, co było dla mnie jasne, ale tego ode mnie nie dam.

Lokal użytkowy w 20 dzielnicy z ojcem

Listopad 1988

Miałem teraz 28 lat, moi przyjaciele z Dolnej Austrii rozstali się po całym kraju związkowym, częściowo ze względów zawodowych, częściowo ze względu na partnerstwo, więc byłem sam. Po raz kolejny była taka nijaka sobota i wtedy wpadłam na pomysł, że 30 kilometrów dalej mieszkają tam dwie dziewczynki, które znałam już z dzieciństwa, kiedy spędziłam lato z bratem i matką w Dolnej Austrii. Wsiadłem więc do samochodu i pojechałem do tego 800-osobowego miasteczka. Znalazłem nie tylko dwie dziewczyny, ale 3. Przyjechała przyjaciółka starszej kobiety. Po krótkim czasie zasugerowałem, że możemy iść potańczyć. Koleżanka powiedziała, że jest zmęczona i musi wracać do domu do męża. Zostały mi więc dwie i po pewnym czasie makijażu i stylizacji nadszedł czas. Pojechaliśmy moim samochodem około 60 kilometrów do sąsiedniej dzielnicy, w okolicy było bardzo mało pod tym względem. No to teraz siedziałam tam w dyskotece z dwiema dziewczynami, jedną o pięć lat młodszą i niekoniecznie ładną, a drugą o rok starszą i dość „ubraną". Teraz nie miałam wyboru, musiałam na przemian tańczyć z jednym, a potem z drugim, i to dla mnie, kiedy byłem tak utalentowaną tancerką. W trakcie wieczoru, było już po północy, 13 listopada, kiedy siedziałem przy stole, zauważyłem, że jedno kolano ciągle obijało się o moje, a potem zostało. Myślę, że kolejne tańce uzupełniały podejście starszych i przyszło tak, jak musiało nadejść. Było cudownie. Trwało to wtedy dobre 20 lat.

Jesień 1995

Ponieważ mój konkurent stawał się coraz bardziej agresywny w stosunku do sprzedaży gazet i magazynów, a także uciekał się do wyższych rabatów dla swoich kolporterów, również musiałem zareagować. Na szczęście miałem w tym czasie kilku austriackich wydawców, z których mogłem żyć, bo przynajmniej wtedy z tymi hurtowniami nie było nic do zrobienia. Wyrażało się to w tym, że mój towar mogłem sprzedawać tylko w ukryciu, bo za każdym razem, gdy przychodziłem do moich klientów - a byli od lat - zawsze był Arab, którego można było przydzielić do firmy Robin, z moim kupcem i w ten sposób uniemożliwił mi sprzedaż. Musiałem więc sprzedawać moje czasopisma okrężną drogą, ponieważ kupujący moje towary poniósłby straty finansowe, gdyby widziano, że kupuje ode mnie. Ponieważ jednak intelekt tych organów nadzorczych niekoniecznie był najwyższy, podnosiłem swoje dobro, nawet z trudnościami. Udało mi się wówczas ogromnie zwiększyć sprzedaż (suma bilansowa ok. 600 tys. szylingów) i ilość czasopism, tak że mój główny dostawca przyjechał do mnie dużą ciężarówką w 20 dzielnicy, gdzie przejąłem siedzibę ojca. Często były to 2 palety towarów z 10 000 magazynów. W tym czasie wspinałem się tak daleko, prawdopodobnie ze względu na rywalizację, że tydzień trwał od poniedziałku do niedzieli. Moja partnerka Britta, od 1988 roku, słusznie narzekała na to i musiałem to zmienić, więc przynajmniej wziąłem sobie wolny weekend. Ale ponieważ jestem trochę tępy i zrobię to, co sobie założyłem. Wyszło więc tak, jak musiało. W lutym 1998 roku przez przypadek zobaczyłem, że jeden z dwóch głównych dostawców przestał dostarczać do firmy Robin. Kilka dni później udało mi się oficjalnie ustalić, że firma Robina zbankrutowała. Suma upadłości wyniosła 35 mln ATS. Kwota ta z pewnością obejmowała tylko niewielką część depozytów, które pan Robin i jego pracownicy pobrali od kolporterów. Krążyły pogłoski, że ukradł około 15 milionów szylingów swoim 100-200 kolporterom. Dowiedziałem się też, że po bankructwie ten człowiek odważył się tylko wyjść na ulicę z ochroniarzami, prawdopodobnie z powodu wstrzymanych kaucji. Z powodu bankructwa nagle byli gotowi udzielić mi wyższego rabatu w wysokości 33,1 brutto. Tak, ale wtedy było już za późno.

Lipiec 1998 wakacje

Po tym, jak nigdy nie byłam fanką wyjazdów na wakacje, nadal miałam 2-tygodniowe wakacje na Krecie, która do dziś była chyba najpiękniejszą w moim dotychczasowym życiu. Pewne przeżycia utkwiły mi w pamięci: my, moja partnerka Britta i ja pożyczyliśmy motorower. Jedyną głupią rzeczą było to, że był to półautomat. Innymi słowy, oboje siedzieliśmy w tym pojeździe i najwyraźniej pozwoliłem, aby sprzęgło zadziałało zbyt szybko, więc mój partner siedział na podłodze. No tak, w połowie pierwszej przeszkody. Właściciel powiedział nam, że możemy jechać tylko w promieniu 50 kilometrów. Usłyszeliśmy to i rozpoczęliśmy naszą podróż. Ale ponieważ ta wyspa ma tę wadę, że w przeciwieństwie do nas, trzeba było podjeżdżać pod każdą górę, iż powrotem, więc my też to zrobiliśmy i zapomnieliśmy o 50 kilometrach. Na szczycie góry zrobiliśmy sobie przerwę i usiedliśmy na trawie. Wtedy Britta nagle powiedziała, że widziała coś pomarańczowego w pobliskim zagajniku. Pod wpływem impulsu weszliśmy pod płot i znaleźliśmy pomarańczę, którą najwyraźniej przeoczono podczas zbiorów. Oczywiście wybraliśmy je od razu. Kiedy go obraliśmy, do naszych nosów doszedł niesamowicie silny zapach, a przede wszystkim radość z tego owocu była nie do opisania. Potem pojechaliśmy dalej, bo bardzo chcieliśmy pojechać na sąsiednią górę do klasztoru. Teraz było południe i słońce mocno grzało. Droga nie była utwardzona, była to droga szutrowa. Niemniej jednak kontynuowaliśmy naszą podróż. Nagle zauważyłem, że motorower nie reaguje już tak, jak tego chciałem. Mieliśmy „mieszkanie". Daleko i szeroko nie było niczego. Musieliśmy więc pchać pojazd w największym upale do następnej stacji benzynowej, która była bezpiecznie oddalona o 5 kilometrów. Nie powiedzieliśmy właścicielowi mieszkania o tym, co nam się przydarzyło, ale było to przeżycie dla nas obojga. Kilka dni później w hotelu, w którym się zatrzymaliśmy, odbyło się safari jeepem. O ile pamiętam, było tam co najmniej 10 jeepów wypełnionych jedzeniem i jechaliśmy przez wyspę z północy na południe i ze wschodu na zachód, aż dotarliśmy do Elafonisi (Malediwy Krety). Tak, mieliśmy dość jedzenia, od mięsa po sałatkę, ale brakowało sztućców. Więc kobiety poszły nad morze, umyły ręce i przygotowały sałatki własnymi rękami. W każdym razie smakowało dobrze. Rok później, ponownie w lipcu, pojechaliśmy na wakacje na Lanzarote. Nie bardzo nam się tam podobało, bo cały teren wydawał się nam bardzo sterylny, nie mogliśmy też pływać w morzu, woda była bardzo zimna (Ocean Atlantycki). I znowu rok później niż w lipcu 2000 zatrzymaliśmy się na kilka dni w pensjonacie w Styrii, skąd wyruszyliśmy na piesze wędrówki. Od tego czasu prawie nie miałem wakacji, z wyjątkiem 2017 roku do Włoch w kilka dni autobusem, co oczywiście było bardziej wyczerpujące niż samolotem.

Sierpień 2000

Kiedy wróciliśmy z naszych austriackich wakacji (3 dni - Austria) w lipcu 2000, Britta powiedziała mi, że ma bóle brzucha i że była już umówiona na ten temat z ginekologiem. Po tej wizycie natychmiast do mnie zadzwoniła: oczywiście się martwiłam i powiedziała: Co za dobra rzecz. Co to miało być? Powiedziała, że będę tatą. Byłem zdumiony, ale oboje przyjęliśmy za pewnik, że będziemy tam dla tego dziecka. Temat aborcji nigdy nie był poruszany i był dobry, przynajmniej do czasu, kiedy się o tym dowiedziałem. Termin płatności ustalono na początek marca 2001 roku. W sobotę 24 lutego 2001 roku Britta obudziła mnie rano i powiedziała, że nadszedł czas. Do mojej pracy miałem furgonetkę, która rozwijała się od lat. Również dzień wcześniej padało sporo śniegu. Więc jechaliśmy około 50 kilometrów do szpitala bez grzejnika w aucie, bo to nie działało. Kiedy przybyli do szpitala, zdali sobie sprawę, że zajmie to trochę czasu. Więc po prostu poszliśmy na spacer po śniegu w kompleksie. Wieczorem zostawiłem ją z prośbą o poinformowanie mnie, niezależnie od pory dnia, czy przyjeżdża. Nie było żadnego telefonu, więc pojechałem do szpitala o 8 rano na Mardi Gras. Kiedy otworzyłem drzwi do jej pokoju, przywitała mnie słowem: Niespodzianka! Chwilę później drzwi ponownie się otworzyły i pielęgniarka przyprowadziła do mnie syna. To, co zapamiętam na zawsze, to moment, w którym po raz pierwszy trzymałem go w dłoniach. Nie do opisania.

Mój syn w wieku 10 miesięcy

<u>1990 - 1991 mieszkanie</u>

Do tego czasu mieszkałem w małym mieszkaniu, które miałem, gdy miałem 18 lat. Ale ponieważ zarządca i właściciel apartamentowca chcieli generalnego remontu domu, musiałem przenieść się o jedno piętro niżej do nieco większego mieszkania. Moje mieszkanie zostało połączone z sąsiednim z obietnicą, że po zakończeniu prac będę mogła wrócić do 70-metrowego mieszkania. To też było obserwowane iw 1991 roku wprowadziłem się do tego mieszkania. Ale ponieważ moje uzależnienie pogłębiało się z biegiem lat, czego wtedy nie zdawałem sobie sprawy, zalegałem z opłatami za czynsz. Doszło więc, tak jak musiało, do pozwu o eksmisję. Britta i ja szukaliśmy mieszkania. Znalazła to, czego szukała, w ogłoszeniu w gazecie. Mieszkanie dwupoziomowe w 2. dzielnicy z czynszem około 10 000 szylingów. Zaznaczyłem, że mnie na to nie stać, ale niekoniecznie było to akceptowane. W związku z tym zwróciłem mieszkanie w 20 dzielnicy bez nakazu eksmisji i przeniosłem się do 2 dzielnicy. Ale ponieważ moja pasja do gier nie poprawiła się, a raczej pogorszyła, wkrótce stanąłem przed takim samym wynikiem, jak w 20. dzielnicy. Więc sam szukałem Garcionerre'a w 20. dzielnicy, na który mógłbym sobie pozwolić.

1980 – uzależnienie

Wszystko zaczęło się od drobnych, wrzuciłem kilka szylingów do maszyny i może raz coś wygrałem, ale wrzuciłem to prosto z powrotem do tego wiadra, bo duży zysk idzie. Około 15 lat zajęło mi uświadomienie sobie, że jestem uzależniony od hazardu. Moja partnerka Britta zachęcała mnie do poddania się terapii, ale musiałam też przyznać, że byłam od tego uzależniona. Poszukałem więc pomocy u Anonimowych Hazardzistów. Były terapie grupowe raz w tygodniu oraz terapie indywidualne po uzgodnieniu. Terapia indywidualna spowodowała we mnie załamanie nerwowe, ponieważ nigdy wcześniej czegoś takiego nie doświadczyłem, zwłaszcza że terapeuta wszedł bardzo głęboko. Terapia grupowa niekoniecznie zakończyła się sukcesem, ponieważ po sesji wsiadłem do samochodu i znów trafiłem na salon gier. Więc nie widziałem sensu w tej terapii. Najwyraźniej musiałem w tym zakresie zrobić więcej. Britta zapytała mnie o postępy w tej terapii, czy przestałem grać. Odpowiadam na to „tak", że przestałbym grać. O ile wiem, to był jedyny raz w ciągu 20 lat partnerstwa, kiedy ją okłamałem. Ale miałem też zwyczaj umiejętnie unikać drażliwych pytań, zwłaszcza tych o charakterze finansowym. Więc w tym czasie nie widziałem wyjścia, a myśli samobójcze zbliżały się coraz bardziej. Czerwiec 2001 bankructwo 15 lutego 2001 r., dziesięć dni przed narodzinami mojego syna, prowadziłam negocjacje w sprawie bankructwa. Było to poprzedzone zgłoszeniem własnej inicjatywy lub mojego porozumienia handlowego. Rozmawiałem o tym z sędzią i udało nam się osiągnąć stawkę odszkodowania w wysokości około 13,84%, którą mogliśmy zaoferować wierzycielom. Na rozprawie w sądzie gospodarczym w Wiedniu obecnych było dwóch przedstawicieli wierzycieli z około 20 wierzycieli. Oferowany limit nie został zaakceptowany zarówno przez prawników Towarzystwa Ochrony Kredytów, jak i AKV. W połowie czerwca 2001 r. władze miejskie w XX okręgu poprosiły mnie o zwrot dwóch licencji handlowych, które posiadałem przez prawie 9 lat. Powodem tego było to, że z biegiem czasu nagromadziłem sporo długu. Zrobiłem to i zostałem zarejestrowany jako bezrobotny. Mój ojciec, który był wówczas na emeryturze, ponownie kupił licencję na prowadzenie hurtowni magazynu. I tak potoczyły się interesy, ale to nie powstrzymało mnie od grania, a przede wszystkim od zrobienia czegoś z tym.

2000 sędzia / finanse

Na przełomie tysiącleci moi klienci przychodzili do mnie z prośbą o potwierdzenie dochodów. Innymi słowy, odpowiednie urzędy wymagają odpowiedniego dowodu dochodu przy przedłużaniu lub ponownym składaniu zezwolenia na pobyt. Oficjalnie oczekiwano, że osoba mieszkająca w Austrii powinna mieć dochód minimalny w wysokości 700 euro. Dla mnie było to łatwe do ustalenia, ponieważ był stały rabat i cena detaliczna. Więc napisałem je do ciebie, jeśli kwota była wystarczająca i otrzymałeś odpowiedni dokument od sędziego pokoju. Nigdy nie otrzymałem pieniędzy za wydanie tego pisma, przynajmniej do 2006 roku. Dla mnie ci ludzie byli również niezależnymi kupcami i również musieli przelać kwotę, którą napisałem, do kanału oceny. Nie wiem, czy faktycznie praktykowali. Ale określiłem to również w wystawionych gazetach.

Marzec 2006 śmierć mojego ojca

25 lutego 2006 przyjechali do nas moi rodzice, Britta, mój syn Gregor i ja do Dolnej Austrii. Mój partner zaprosił ją na 5 urodziny mojego syna. Po przejściu na emeryturę w 1992 roku mój ojciec przytył około dziesięciu funtów. Nie był gruby, ale w pełni cieszył się posiłkiem. Oczywiście mój syn dowiedział się o tym już w wieku 5 lat, więc zbombardował mojego ojca ciastkami na przekąskę. Dziadku weź ciasto, wiem, że ty też lubisz skubać. Po kwadransie przyszedł z pączkiem, a dziadek wziął go i zjadł. Następnego ranka w sklepie około godziny siódmej mój ojciec jak zwykle już tam był. Wsiedliśmy do samochodu i pojechaliśmy do klienta. W drodze powiedział mi, że tej nocy tak źle spał. Ponadto wstawał co pół godziny, aby iść do toalety z odpowiednim bólem w klatce piersiowej. Kiedy godzinę później wróciliśmy do pracy, pilnie poprosiłem go, żeby poszedł do naszego lekarza na tej samej ulicy, żeby się przyjrzał. No tak, 26.02.2006 była zima i mój ojciec z wielką niechęcią poszedł do lekarza tylko w swetrze. Po godzinie zadzwonił mój telefon i nadeszła jego kolej. Powinienem zanieść mu kurtkę do

internisty na dole, bo lekarz rodzinny wysłałby go natychmiast do internisty z podejrzeniem zawału serca. Ta lekarka nie dała się tam zabrać na diagnozę i natychmiast wezwała karetkę, aby zabrać ich do szpitala. Po przybyciu do szpitala podejrzenie, które podejrzewali dwaj lekarze, zostało potwierdzone. Tam został przebadany przez 11 dni i zwolniony 10 marca, w piątek. 13 marca rano jak zawsze weszłam do sklepu około 7 rano i mój ojciec już tam był. Ponieważ pierwszą rzeczą, którą zrobiłem rano, było odłożenie kawy, zrobiłem to również tego dnia. W międzyczasie zauważyłem, że mój ojciec idzie do toalety na korytarzu. Jak zwykle ustawiłam kawę dla mamy na pierwszym piętrze tego samego domu i udałam się na tył sklepu na klatkę schodową. Zauważyłem, że w naszej toalecie na korytarzu paliło się światło (nieprzezroczyste szkło) i wiedziałem, że to może być tylko mój ojciec, ale minęło 10 do 15 minut, kiedy ostatni raz go widziałem. Potem poszedłem do mieszkania moich rodziców i przez chwilę z nią rozmawiałem. Kiedy znowu mijałem toaletę, światło wciąż się paliło i wszedłem do sklepu, ale nikogo tam nie było. Poszedłem więc znowu do toalety i zapukałem do okna, ale nie było żadnej reakcji. W międzyczasie z jej mieszkania wyszła sąsiadka, która mieszkała obok. Ale ponieważ w toalecie nie było żadnej reakcji, nie miałam innego wyjścia, jak wybić łokciem szybę w drzwiach. Wtedy zobaczył go już siedzącego opartego o ścianę, iż krwią z nosa. Sąsiad natychmiast wezwał karetkę i przyniósł mi ubrania na podłogę w korytarzu, żebym mogła je założyć. Ratunek był tam dość szybko i próbowano go sprowadzić z powrotem za pomocą defibrylatora, ale na próżno. Karetka poinformowała lekarza, że powinien ustalić zgon. W międzyczasie przyjechała też policja, gdzie mężczyzna stał przy zabitym aż do przybycia lekarza. Przyszło to po około 3 godzinach. Pierwsze z jego pytań dotyczyło tego, czy istnieją jakieś ostatnie ustalenia, na które oczywiście mógłbym odpowiedzieć. Gdy go przejrzał, powiedział: Z koktajlem to nic dziwnego, a śmierć w Wiedniu w poniedziałek była niekorzystna, bo mamy korek. Gdybym nie był w żałobie, nie byłbym w stanie zapanować nad takimi wypowiedziami. Ale wciąż wzruszyło mnie to, że musiałem powiedzieć mamie, która jest w jej mieszkaniu. A kolejnym problemem było poinformowanie mojego brata, który nie miał kontaktu od około 20 lat, że nasz ojciec zmarł.

Pokłócił się z rodzicami w sprawie przysługującego mu spadku. Ale był tam w ciągu godziny bez żadnych złych słów. 24 marca 2006 pochowaliśmy go na Cmentarzu Centralnym w Wiedniu. Potem, kiedy trumna została opuszczona, miałem decydujące wydarzenie. Wiele odziedziczyłam po ojcu, m.in. to, że nie możemy rozmawiać o problemach i ciągle ich unikamy, teraz było już za późno.

<u>Marzec 2006 wymuszenie</u>

14 marca zwróciłem do właściwego sędziego w 20 okręgu dwie licencje handlowe mojego ojca. Znałem już obsługę w tym zakresie. 20 marca zadzwonił mój telefon i numer został zastrzeżony. Na drugim końcu był mężczyzna, który nie podał mi imienia, mimo że w trakcie rozmowy kilka razy pytałem. Powiedział, że powinienem nadal pisać potwierdzenia, które piszę od przełomu tysiącleci. Kiedy zapytałem, dlaczego powinienem to zrobić, opowiedział mi o okolicznościach miejsca, w którym dorastał mój syn, o którym wiedziałbyś tylko wtedy, gdy tam był. Np. kiedy chodził dziś do przedszkola i tym podobne. To oczywiście mnie wkurzyło i groziłem mu. Odpowiedział

tylko, że po poprzednim telefonie przyśle mi obcokrajowca i będę musiała wystawić potwierdzenie. Musiałbym pobierać 10 euro za miesiąc i 15 euro za kilka miesięcy, które ci ludzie płacili. Na początku oczywiście odmówiłem, argumentując, że nie mogę już tego pisać, bo nie mam uprawnień do handlu, ale z czasem informacje o moim synu, co robi, stawały się coraz bardziej realne i musiałem założyć, że przebywał w pobliżu Gregora, co zostało udowodnione rok później. W liczącej około 800 mieszkańców wiosce o powierzchni 34 kilometrów kwadratowych obcy w naturalny sposób przyciągają uwagę, zwłaszcza gdy jadą przed budynki użyteczności publicznej, takie jak szkoła czy przedszkole. Teraz miałam wybór: iść na policję i złożyć zawiadomienie, jeśli zostanie przyjęta, a ochrona dla mojego syna zostanie wyznaczona na tydzień lub dwa, a potem muszę się trząść, czy ten człowiek może coś wymyślić. Inną opcją było zrobienie tego po swojemu, o czym sam przeczytałem, że robię to bez względu na konsekwencje. Tak więc telefony przychodziły kilka razy w tygodniu z zatajonymi numerami, a cudzoziemcy, których znałem tylko częściowo, otrzymywali potwierdzenia odpłatnie. Kiedy zapytałem ludzi, skąd mieli kontakt, nie otrzymałem żadnych informacji. Postanowiłem więc podążać za tymi ludźmi, ale przynajmniej na początku było to beznadziejne. W międzyczasie była już jesień 2007, mój syn poszedł do podstawówki. We wsi zaobserwowano mężczyznę w różnych miejscach, gdzie przypuszczano, że jest pedofilem, tak jak wielokrotnie widywano go w szkole czy przedszkolu. Ale to był błąd, cała sprawa była przeznaczona dla mnie. Pewnego piątku po szkole, jak co dzień w szkole, mój syn pojechał szkolnym autobusem do domu. Ponieważ droga około 500 metrów od wyjścia do miejsca zamieszkania nie była do końca widoczna, nagle z bocznej ulicy nadjechał samochód, zatrzymał się u syna i otworzyły się drzwi pasażera. Mężczyzna rozmawiał z nim i chciał dać mu cukierka. Mój syn zareagował raz i natychmiast pobiegł w kierunku domu, w którym czekał na niego mój partner. Zobaczyła pojazd, a także zadzwoniła na policję, tylko dopóki nie przyjechali, kierowca był za górami mimo ślepego zaułka. Kiedy mój syn powiedział mi to tego samego dnia, w piątek wieczorem, rozmawiałem o tym z moją partnerką i powiedziałem jej, że to nie jest pedofil, to by mnie dotyczyło, ale trzymała się wersji pedofila.

13 grudnia 2006

Był piątek i znowu 13. Siedziałem w sklepie, który miał dwa wyjścia, jedno na dziedziniec domu, a drugie na ulicę. Pisałem o swoich programach, tak jak to robiłem przez długi czas i odpowiednio się pochłonąłem. Nagle rozległo się pukanie do drzwi dziedzińca, drugie zamknąłem. Było około południa i założyłem, że to przyjęcie w domu. Kiedy otworzyłem drzwi, był tam mężczyzna o wzroście około 190 cm o zadbanym wyglądzie. Podał się swoim nazwiskiem i legitymacją jako „oficjalny dyrektor" wiedeńskiego urzędu skarbowego. Teraz powiedział, trzymając w ręku kartkę A4, że trzyma w ręku potwierdzenie, na którym znajduje się moja firmowa pieczątka i mój podpis. Twierdził również, że został wydrukowany po obu stronach. Zapytał też, czy może wejść, czego nie odmówiłem. Ale potem musiałem natychmiast odrzucić jego twierdzenia. Z jednej strony nigdy nie dawałem z ręki dokumentów zadrukowanych dwustronnie, a z drugiej strony nie nabijałem też pieczątki na takie listy, które były już zawarte w napisanym przeze mnie programie dla nich sam. Nigdy nie miałem listu, na którym opierało się to twierdzenie. Teraz powiedział, czy mógłby zajrzeć do mojego komputerowego stoiska, czego nie odmówiłem. Chciał też obejrzeć i sfotografować moje wyciągi bankowe, które miałem na półce za sobą, czego nie odmówiłem, bo nie miałem świadomości żadnej winy. Teraz zaczął spisywać minuty. Pytany, jak doszło do takich potwierdzeń dochodów, od kiedy i dlaczego, zakończył wizytę pytaniem, co bym za nią otrzymał, a chodziło mu nie tylko o pieniądze, ale i dobra naturalne. Co mam mu teraz odpowiedzieć, bo w międzyczasie zdałem sobie sprawę, że potrzebuje swojego poczucia osiągnięcia, aż drugiej strony miałem jeszcze w tym momencie swojego szantażystę, który wywierał na mnie niemałą presję. Odpowiedziałem więc na jego pytanie odpowiedzią: nie otrzymałem niczego w zamian. Jego reakcja była taka, że w to nie wierzył. W następnym roku przyszedł do mojego sklepu jeszcze dwa razy bez wcześniejszego powiadomienia i dalej szukał. Ostatnim razem zapytał, czy mógłby zabrać ze sobą komputer stacjonarny do urzędu skarbowego, na co po jakimś czasie odpowiedziałem twierdząco, żeby się nad tym zastanowić. Czas pomyśleć o tym, że niekoniecznie byłoby to korzystne dla komputera, ale oczywiście nie miałem nic do ukrycia. W ciągu dwóch dni odzyskałem go z powrotem, ale nie powiedział mi, czy znaleziono coś nielegalnego, czy nie. Jak dotąd tak dobrze, czy nie. Jesienią 2007 r. pojawiło się wówczas „zaproszenie" do urzędu skarbowego w 22 okręgu. Tam przedstawił mi wyniki swojej kontroli podatkowej, jak to się nazywa w finansowym języku niemieckim. Już mi zasygnalizował, że będzie musiał mnie docenić, jeśli mu nie powiem, co zrobię dla wystawienia rachunku zysków i strat, więc zgodziliśmy się na tę nazwę. Szacował, że sądził, że otrzymam 100 euro za każde potwierdzenie, począwszy od 1998 r., a skończywszy na 2008 r. Oznacza to dochód w wysokości 40 000 euro i koszty „akomodacji" minus 50%. Tak więc w jego oczach zarabiałem 20 000 euro rok po roku dzięki tej pracy, co znalazło również odzwierciedlenie w skromnym podatku dochodowym. Za jednym zamachem miałem dwa roszczenia z Urzędu Skarbowego i Zakładu Ubezpieczeń Zdrowotnych w wysokości 6-cyfrowej kwoty, na które od razu odpowiedziałem odwołując się do ówczesnego senatu finansów jako organu wyższego szczebla urzędów skarbowych, dziś, o ile mi wiadomo, jest to prokuratura finansowa. Wszystkie nominacje, a było to wówczas 9 lat, zostały odrzucone lub odrzucone przez poszczególne urzędy. Państwo lub jego urzędnicy w większości mają rację, obywatel prawie. Nie spodziewałem się jednak wtedy, że ten oficjalny dyrektor uznał to nie tylko za przestępstwo finansowe, ale także za pogwałcenie prawa. Po zakończeniu egzaminu w 2008 r. przekazał skonstruowane przez siebie dane, na które nigdy nie mógł przedstawić dowodów, do wiedeńskiego prokuratora w celu sprawdzenia ich niezgodności z prawem. Oprócz moich nominacji w 2008 r., za lata 2006-2008, kiedy w końcu złapałem mojego szantażystę, przygotowałem zeznania podatkowe za te 3 lata na łączną kwotę 2500 euro dochodu z sporządzania zestawień dochodów, które nie zostały wzięte pod uwagę do dnia dzisiejszego. W latach 1998 do 2005 włącznie nie miałem spożycia ze względu na tę okoliczność. Ta prokuratura zareagowała również w formie odpowiednich sądów rejonowych, gdzie w latach 2009-2011 zostałam „poproszona" o stawienie się w charakterze świadka na około 100 wezwań. Proces był zawsze taki sam. Podstawowy wydźwięk moich przesłuchań przez odpowiedni sąd był zawsze taki sam. Zapytano mnie, czy wydałem ten dokument i oczywiście dlaczego. Naprzeciw mnie zawsze siedział cudzoziemiec, który m.in. został oskarżony przez Urząd Miejski 35 o uzyskanie lub wykupienie zezwolenia na pobyt z takim potwierdzeniem. Dokument, na którym opierał się ten proces, został mi przedstawiony i musiałem ustalić, czy go wystawiłem, czy nie. 90% z nich to moje papiery, ale były też fałszerstwa, jak twierdzi dyrektor naczelny. Oskarżeni cudzoziemcy, których znałem przynajmniej z wyglądu, dostali, jeśli rzeczywiście uznano ich za winnych, od 2 miesięcy do 3 lat, warunkowo, nie więcej. Jak już wspomniałem, w maju 2008 roku w końcu złapałem szantażystę, po raz kolejny śledząc rzekomego kolportera po tym, jak otrzymał ode mnie potwierdzenie. Za pomocą „mocnych" argumentów błagałem tego człowieka, aby natychmiast skasował mój numer i nigdy więcej do mnie nie dzwonił. Nie miałem zbytniej nadziei, ale z jakiegoś powodu trzymał się tego i nigdy więcej go nie widziałem ani nie słyszałem, ale zmieniłem też numer mojego telefonu komórkowego.

Nigdy nie udało mi się dowiedzieć, co z tego wyciągnął, czy nie. Wiosną 2010 roku nagle otrzymałem list polecony od wiedeńskiego prokuratora – wiedeńskiego sądu karnego. W nim zostałem poproszony o stawienie się jako podejrzany w prokuraturze na przesłuchanie. Śledziłem to i usiadłem naprzeciwko prokuratora. Zostałem oskarżony o wystawianie niezgodnych z prawem zaświadczeń o dochodach. Ponieważ ten mężczyzna w średnim wieku miał przed sobą kilka teczek, przejrzał je i zapytał, czy zna nazwisko, które tam czyta, a przede wszystkim skąd takie papiery powstały. Następnie potwierdziłem jego pytania, ale poprosiłem o pokazanie mi potwierdzeń, w których mogłem ponownie rozpoznać około 10% podróbek, które również widział. O ile pamiętam, był z nim po raz drugi w tym roku. Całość polegała tylko na przesłuchaniu oskarżonego przez prokuratora. Wiosną 2011 roku otrzymałem kolejny list polecony, tym razem z wiedeńskiego sądu karnego, do którego miałem się udać jako oskarżony. Spotkałem tam sędziego, znanego mi już prokuratora i mojego obrońcę z urzędu, który podczas mojego pierwszego spotkania z nim skarżył się, że musi przeczytać 6000 stron dokumentów sądowych na potrzeby procesu. Teraz doszło do negocjacji, w których oczywiście wszystkie strony zadawały pytania. Kwestia, czy otrzymałem pieniądze na tę emisję papierów, miała drugorzędne znaczenie, podobnie jak podczas przesłuchania przez prokuratora. Swoimi odpowiedziami i argumentami udało mi się najlepiej przekonać sędziego. Mój adwokat był bardziej niechętny, po prostu wykopał precedens, który miał niewiele wspólnego z moim aktem oskarżenia. Prokurator był nieco bardziej wytrwały i zadawał dość energiczne pytania. W wyniku tego procesu sędzia ogłosił wyrok, 24 miesiące pozbawienia wolności, oznacza brak więzienia. Po ogłoszeniu wyroku pouczył mnie o mojej decyzji w tej sprawie; Do niezwłocznego przyjęcia orzeczenia, 3 dni na rozpatrzenie lub apelację. Naprawdę się tego nie spodziewałem, ponieważ zakładałem, że mogę opuścić dwór jako wolny i niewinny człowiek. Więc spojrzałem na mojego obrońcę i pokazałem mu 3 palce przez 3 dni, żeby się nad tym zastanowić. Ale widząc, że prokurator zauważył moje wahanie, powiedział, że złoży apelację lub podejmie kroki prawne. W lutym 2012 roku odbyła się druga rozprawa przed Wyższym Sądem

Okręgowym w Wiedniu, na której przypuszczałem, że wyrok będzie na moją korzyść. Wszedłem więc na salę rozpraw w wyznaczonym czasie i znalazłem senat sędziów. Kiedy moje dane zostały sprawdzone, jeden z sędziów odezwał się do mnie: Wyrok wiedeńskiego sądu karnego zostanie zmieniony na 16 miesięcy warunkowo i 8 miesięcy bezwarunkowo. Moja reakcja na to: to niemożliwe! Sędzia powiedział: Jeśli nie zrozumiałeś wyroku, będziesz musiał zostać zatrzymany na 8 miesięcy. Dla mnie świat się zawalił. Z jednej strony te papiery wydawałem w dobrej wierze, dopóki nie zostałem szantażowany, z drugiej chciałem chronić syna, co źle poszło w spodniach. Prawie nigdy nie miałem korzyści finansowych i zostałem za to ukarany. Oczywiście zapytałem mojego prawnika, co jeszcze można zrobić w tej sprawie, ale musiałem zdać sobie sprawę, że nie ma odwołania od tego wyroku, tylko petycja. Ale od razu nie dał mi nadziei, że coś w tym postanowieniu Wyższego Sądu Okręgowego zmieni się w wyniku takiego wniosku. Ale poprosiłem go, żeby to zrobił. Ale to też nie powiodło się. Otrzymałem więc list z sądu, w którym musiałem być w więzieniu Simmering najpóźniej do 10 kwietnia 2012 roku, aby rozpocząć swój 8-miesięczny wyrok.

2006 do 2011 wszystko o opiece

Kiedy mój ojciec zmarł w marcu 2006 roku, jak już wspomniałem, po raz kolejny czekała mnie eksmisja z mojego Garcionerre w 20. dzielnicy. Teraz, po śmierci męża, moja mama była zupełnie sama, a po prawie 53 latach małżeństwa dach nad moją głową został zdjęty, więc pozostało tylko wprowadzić się do 75-metrowego mieszkania z argumentem na z mojej strony, aby zapewnić jej wzajemny nadzór, ponieważ po śmierci była bardzo przygnębiona. Wtedy nie potrafiłem powiedzieć, czy moja decyzja była słuszna, czy nie, a ona miała już za sobą 2 uderzenia. W chwili śmierci męża ważyła około 80 kilogramów, nie była gruba, ale krępa. Pierwszy rok z nią w mieszkaniu był całkiem niezły, poszliśmy na zakupy, do lekarza i na badania. W tym momencie musiała zażywać około 10 tabletek dziennie z powodu wcześniejszych chorób. Wśród nich był lek psychotropowy, w którym musiałem za każdym razem iść do neurologa, a nie do lekarza rodzinnego, aby uzyskać receptę. Myślę, że został przepisany, ponieważ popadała w coraz większą depresję. Można by też powiedzieć, że swoją pracę wykonywałem w tym samym domu, tylko oddzielonym dziedzińcem. Czyli ja byłem na parterze, a ona w mieszkaniu na pierwszym piętrze. W drugim roku jej stan zaczął się gwałtownie pogarszać, jadła coraz mniej i nie chciała wychodzić na zewnątrz. Pamiętam jeden odcinek, kiedy we dwoje robiliśmy zakupy w sklepie spożywczym około 300 metrów i nie mogła już iść dalej po tym, jak zapłaciła za zakup. Więc posadziłem ją w sklepie, pobiegłem 300 metrów z powrotem do sklepu i przyniosłem swój sanek, który miałem od lat, wjechałem do sklepu, z wielką niechęcią wsadziłem na sanek i zawiozłem do domu. Nie obchodziło mnie, jak to wygląda. Niekoniecznie. Całość wyglądała tak, jakbym spędziła z nią w mieszkaniu od poniedziałku do piątku i pojechałam w piątek wieczorem odwiedzić moją rodzinę w Dolnej Austrii, Gregora i Brittę. Ale ponieważ niekoniecznie powinna być sama w weekendy, mój brat wpadł w sobotę na dwie do trzech godzin i prawie za każdym razem zamieniało się to w farsę. Raz zadzwonił do mnie, bo nie mógł znaleźć lekarstwa, innym razem z powodu jakiejś błahostki. Innymi słowy, on też nie był dla mnie wielką pomocą pod tym względem. Jednak wraz z narastającą depresją, paranoją i demencją, opieka nad jej osobą stawała się coraz trudniejsza, to znaczy całodobowa opieka została w pełni wykorzystana. W ciągu dnia, ponieważ nie miała już pojęcia o czasie, spała, aw nocy, kiedy chciałem spać w sąsiednim pokoju, nawiedzała mieszkanie. Nie musiałem nawet odbierać jej z salonu o północy czy później i kłaść z powrotem do łóżka. Ponadto nie miała już przeglądu tego, jakie posiada artykuły gospodarstwa domowego. Zdarzyło się, że o 11 rano stanęła na balkonie i głośno zawołała mnie po imieniu, ponieważ stała, Peter, potrzebowała co najmniej dwóch tub pasty do zębów. Potem wszedłem na dziedziniec, zobaczyłem, jak dziko gestykuluje na balkonie i powiedziałem, że powinna zajrzeć do pudełka, o ile wiem, było tam co najmniej 10 tub pasty do zębów. Powiedziała tylko, że będzie wiedziała, czego potrzebuje, a nie ja. Więc musiałem jej kupić te 11 i 12 rurek natychmiast i natychmiast. Nigdy tego nie zrobiłem, że poszedłem na zakupy. Jedyny czas, kiedy musiałem oddychać, to czasy, kiedy przychodziła z jednego szpitala do drugiego, więc musiałem ją odwiedzać tylko na około godzinę, bo nic więcej tam nie było.

Coraz trudniej było mi z nią rozmawiać, ponieważ nie widziała perspektywy. W poszczególnych szpitalach chyba „odwiedziła" prawie wszystkie szpitale w Wiedniu, ale trzymali je maksymalnie 10 dni, bo fizycznie nic nie mogli znaleźć i jeśli chodzi o psychikę, nikt nie mógł pomóc jej. Teraz mój drogi brat, z którym, jak powiedziałem, nie miałem kontaktu przez około 20 lat, wpadł na wspaniały pomysł ubezwłasnowolnienia matki. W tym celu udał się do właściwego sądu rejonowego i złożył wniosek. Moja opinia na ten temat była taka, że z pewnością nadal była poczytalna, nawet jeśli była już na dobrej drodze do szaleństwa. Tak więc pewnego wieczoru, po wcześniejszym zgłoszeniu, do naszego mieszkania przyszedł adwokat z sądu rejonowego. Była obecna moja matka i my, dwaj synowie. Na początku zadawał pytania mojej mamie, która odpowiedziała na nie poprawnie, ale potem mój brat, który złożył wniosek, otrzymał od tego prawnika dość solidną instrukcję. Powiedział, że kobieta była całkowicie poczytalna i dlaczego złożył wniosek, na co oczywiście nie mógł odpowiedzieć. Dlatego wniosek ten został odrzucony. Aż do tego momentu moje relacje z bratem były nadal dość dobrze ułożone i oparte na faktach.

Potem było coraz gorzej, aż do fizycznych ataków z jego strony w obecności naszej matki. We wrześniu 2010 roku znowu chodziła po mieszkaniu w ciągu dnia i wpadła do salonu. Byłem wtedy po prostu poza domem. W tym czasie miała pomoc domową trzy razy dziennie przez około 4 lata, bo nie zawsze tam byłam i rezultatem był sejf na klucze przy wejściu do mieszkania, bo oczywiście korzystano też z pomocy domowej i ratownictwa. Ponadto miała opaskę z przyciskiem alarmowym, z którego mogła skorzystać w razie potrzeby. Tak więc tego dnia przyszło ratunek, który również poinformował mnie, że coś się stało mojej mamie, a oni też weszli korzystając z sejfu z kluczami. Następnie zabrali ją do szpitala, gdzie okazało się, że miała wbite w płuca żebro, kiedy upadła w mieszkaniu. Teraz ponownie pojechałem do najbliższego szpitala i rozmawiałem z ordynatorem oddziału. Zapytała mnie, czy moja mama będzie pod opieką 24 godziny na dobę po jej zwolnieniu. Ale musiałam odpowiedzieć na to pytanie „nie", ponieważ byłam wyczerpana fizycznie i psychicznie nie tylko z tego powodu, ale także z powodu mojego uzależnienia. Musiałoby być wysłane z góry, że zaraz po śmierci ojca w marcu 2006 roku mój brat złożył dla niej podanie o miejsce w domu starców. Łatwiej byłoby mu wtedy zobaczyć ją w domu miesiąc później. Kiedy po około 2 latach dostałem obietnicę na dom w 20 dzielnicy, znałem ten dom od podszewki i torturowała mnie decyzją, co robić: z domem czy nie. W związku z tym należy zauważyć, że ten dom znajdował się w jednym z ich znajomych okolic, a ponieważ nie istniał od dawna, jest również bardzo piękny. Argumentowałem, że będzie to jej własna decyzja i że nie będę jej odradzał ani nie odradzał. Mój brat oczywiście od razu ją namówił, żeby zajęła to miejsce. Po kilku tygodniach i miesiącach odmówiła. Teraz, jak powiedziałem, była w szpitalu, a gmina Wiedeń szukała miejsca w domu opieki, który dostała pod koniec 2010 roku w nowo otwartym domu w 22 dzielnicy. Tam na 8 piętrze z windą dostała pokój o powierzchni około 20 metrów kwadratowych. O ile mogłem powiedzieć, była jedną z najmłodszych w tym czasie, miała 78 lat. Obok pokoi znajdowała się świetlica, w której więźniowie spotykali się, aby plotkować lub grać w gry. Pamiętam, że kilka razy mówiłem, że powinna wyjść ze swojego pokoju i porozmawiać z innymi. Ale jej paranoja lub demencja była tak zaawansowana, że nie chciała przebywać w pobliżu ludzi, ponieważ mogliby jej coś zrobić, o czym musiałem słyszeć w różnych szpitalach, kiedy widziała ludzi w białych fartuchach i którzy chcieli to zrobić coś do niej. Nie pozwoliła na mój argument, że to tylko personel medyczny, który chciał jej pomóc. 2 marca 2011 prawie codziennie chodziłem do jej domu, aby ją odwiedzić. Tego dnia była prawie niedostępna, nie mogłem też z nią porozmawiać. Kiedy jechałem do domu, miałem przeczucia. W nocy jak zwykle wyłączyłem komórkę. Rano, kiedy ponownie go włączyłem, zobaczyłem smsa z domu. Moje przeczucie się potwierdziło, tej nocy zasnęła spokojnie w ramionach pielęgniarki. Teraz pochowaliśmy naszą matkę w tym samym grobie, w którym był mój ojciec. Byłem teraz sam w mieszkaniu o powierzchni 75 metrów kwadratowych z moimi rzeczami i czynszem w wysokości prawie 500 euro.

Maj 2011 Neokatomenat

Moja relacja z mamą nie była dokładnie taka, jaka miałam wtedy, ale była przy mnie nawet w dzieciństwie, choć w ograniczonym zakresie. Miałem więc mały dylemat, jeśli chodzi o nią. Pewnej niedzieli w piękny wiosenny dzień na początku maja spacerowałem wzdłuż Kanału Dunaju w moich starych ubraniach, a potem usiadłem na ławce i zacząłem pisać na telefonie komórkowym. Ponieważ w tym momencie miałem już bardzo ograniczony wzrok z powodu rosnącej zaćmy, nie widziałem zbyt wiele. Nagle pociemniało słońce, które świeciło mi na twarz. Kiedy podniosłem wzrok, przede mną były dwie osoby, których ledwo mogłem rozpoznać. Pewna kobieta zapytała mnie, czy wierzę w Boga po przedstawieniu się jako Anna. Przedstawiła też drugą damę, ale nie pamiętam jej imienia. Musiałoby być wysłane z wyprzedzeniem, żebym w każdej chwili uniknął takiej dyskusji. To pytanie, na które nie chcę tutaj odpowiadać, zaowocowało półgodzinną rozmową i na koniec powiedział do mnie: zapraszam w najbliższą sobotę wieczorem o godzinie 20:00. Zapiszę ci numer telefonu Wolfganga, jeśli w międzyczasie coś się pojawi. Co to było? Zapraszają mnie dwie kobiety, które były o dobre 10 lat starsze ode mnie. Powiedzieli mi też, że są z neokatolików, części Kościoła katolickiego, a nie sekty. Dobra, teraz miałem numer telefonu od pewnego Wolfganga i zaproszenie. Co to ma być? Teraz co wieczór kładłem się w łóżku i rozważałem to zaproszenie. Tak więc przyszła sobota i pomyślałem, że mam pieniądze jak żadne i oczywiście byłem ciekaw, co to jest. Jak zwykle wyszedłem z domu wcześniej i dotarłem do 20 dzielnicy o 19:30. Gdy wszedłem do holu, w którym miało się odbyć to wszystko, zobaczyłem na drugim końcu pokoju mężczyznę, który ustawiał składane krzesła. Kiedy zobaczył mnie w drzwiach, podszedł do mnie, wyciągnął rękę i powiedział, że to Wolfgang. Dopiero wtedy zrozumiałem, że to musi być ksiądz, bo był ubrany na czarno od góry do dołu. Kiedy wtedy zapytał o moje imię, byłem trochę zakłopotany i zacząłem się jąkać i powiedziałem: Nazywam się Eduard. To imię pozostało we mnie przez jakiś czas, dopóki nie udało mi się go przekonać, żeby nazywał mnie Edi. Zapytał też, czy mógłbym mu pomóc w ustawieniu foteli, co oczywiście chętnie zrobiłem. Teraz była prawie 20 i spodziewałem się, że pojawią się jakieś starsze osoby, jakieś 20 foteli było gotowych, więc usiadłem na jednym z nich. Potem otworzyły się drugie drzwi pokoju i weszła dziewczyna około 16 lat z gitarą na plecach. Z czasem pokój się zapełnił i odkryłem, że jestem jednym z najstarszych. Kiedy wszystko zaczęło się tuż po 20:00, oczywiście musiałem się przedstawić, czego nigdy wcześniej nie lubiłem robić. Okazało się wtedy, że była to Eucharystia z dwoma czytaniami i ewangelią z Biblii. Wciąż miałem w głowie, że moja babcia, która była katolikiem, często przenosiła mnie na mszę w kościele katolickim w czasach szkolnych i już wtedy myślałem, że to nic dla mnie, wszyscy starzy, modlący się i klęcząc i módl się ponownie. Ale było trochę inaczej i to nie tylko dla uczestników. Dwa czytania z Biblii zostały przygotowane i odczytane przez poszczególnych uczestników. Wolfgang, który przedstawił się jako ksiądz, tylko przewodniczył i musiał czytać Ewangelię, a następnie analizować wszystkie czytania w kazaniu. My, wszyscy uczestnicy, moglibyśmy również dobrowolnie ogłosić, co by nam powiedziało dane czytanie. Podobało mi się też, że gitara nie była tam tylko po to, żeby na nią patrzeć, ale że piosenka była zawsze intonowana między poszczególnymi czytaniami i wszyscy śpiewaliśmy razem z nią. Cóż, zostało to zakończone około godziny 22 i poinformowano mnie, że w najbliższy wtorek o godzinie 20 odbędzie się liturgia słów. Po tym, jak obiecałem mi tego rodzaju targi, wróciłem we wtorek. Zostałem wtedy bratem ówczesnej dziesiątej wspólnoty w Neokathomenacie, którą również praktykowałem przez siedem lat i która osobiście wiele mi przyniosła. Proces w tej wspólnocie był zawsze taki sam, 3-4 osoby z tej grupy musiały kilka dni wcześniej przygotować odpowiednią liturgię lub Eucharystię w jednej z 3-4 osób w domu, a następnie zaprezentować ją w tym dniu. Nie zawsze było łatwo znaleźć wystarczającą liczbę osób do wzięcia udziału. Mieliśmy również niedzielę wspólnotową co jeden lub dwa miesiące i mniej więcej dwa razy w roku weekend wspólnotowy w hotelu w Dolnej Austrii. Kiedy przybyłem do tej społeczności w maju 2011 roku, istniała ona zaledwie pół roku. Innymi słowy, nie znaliście się zbyt dobrze, ale to się zmieniło z biegiem lat, ponieważ przygotowywaliście się z kimś innym i w ten sposób widzieliście środowisko, w którym on lub ona się porusza. W tym czasie zaprzyjaźniłam się z dwiema siostrami, Marią i Giadą. Maria urodziła się w Polsce i studiowała w Austrii, Giada była młodą studentką z wymiany z Capri we Włoszech, miała około 20 lat. Wiele z nimi zrobiłam, ale Giada musiała wrócić do Włoch latem 2012 roku, kiedy mówiła już doskonale po niemiecku. To, co łączyło mnie z Marią, to to, że pozwalała sobie na moje uzależnienie tak samo jak ja, ale nie tak przesadnie.

Kwiecień 2012 wyrok więzienia

Tak więc 10 kwietnia pojechałem z moim dobytkiem do 11. dzielnicy, aby rozpocząć karę więzienia, ponieważ było ich coraz mniej. Poprzedził to fakt, że dwa miesiące wcześniej miałem na szyi kolejny pozew o eksmisję z datą wykonania 10 maja 2012 roku. Miałem więc mało czasu na opuszczenie mieszkania w 20 dzielnicy. Maria i koleżanka, do której przyjadę później, bardzo mi pomogli, bo byłem wtedy w areszcie. Kiedy dotarłem do aresztu, zostałem dokładnie przeszukany, a następnie umieszczony parami na oddziale zamkniętym w celi około 10 metrów kwadratowych. Na początku poinstruowano mnie, co powinienem, a czego nie powinienem robić, a także poinformowano mnie, jaki to dział. W ciągu dnia, przy sprzyjającej pogodzie, spacerowała po dziedzińcu tylko godzina. Oczywiście przez pierwsze dwa miesiące miałem wystarczająco dużo czasu, rozmowa z moim współwięźniami nie zawsze była łatwa, więc wziąłem Biblię i przeczytałem ją od początku do końca, pomimo katarakty. Po dwóch miesiącach zostałem przeniesiony do zrelaksowanego systemu więziennego, gdzie można było pracować w areszcie śledczym. Na sali było od 6 do 10 osób, które pracowały w różnych działach. Ale ponieważ jestem osobą, która cieszy się wolnością, pozwoliłam się ponownie przenieść i wylądować na świeżym powietrzu. Oznacza to wstawanie o 4:30 i przejazd z dzielnicy 11 do baraku w dzielnicy 14, gdzie wraz z innymi więźniami zostałem przydzielony do prac ogrodniczych. Ponieważ w lipcu 2012 roku nie było przyjemnie stać na słońcu cały dzień, tęskniliśmy za zakończeniem pracy o godzinie 16:00. Potem musieliśmy być z powrotem w areszcie punktualnie o 18:00. Stypendium, do którego przyłączyłem się rok wcześniej, dało mi w tym czasie ogromne wsparcie. Wyrażało się to w tym, że każdego dnia mojej wizyty przychodziła do mnie trójka mojego obecnego rodzeństwa i dawała mi pociechę. Ponieważ miałam również możliwość spędzenia weekendu poza instytucją z działem plenerowym, mogłam m.in. uczestniczyć we wspólnotowej niedzieli. Trzeba tu jeszcze zaznaczyć, że wszyscy moi krewni, w tym niektórzy w postaci 4 kuzynów oraz cioci i wujka, nie pojawili się w godzinach odwiedzin, nawet nie chcę rozmawiać o moim bracie, bo wiedział, że siedzę. Ponadto moja siostra Maria wywierała na mnie dużą presję, abym pogodził się z rodzicami, ponieważ uczyniłem ją winną za to, gdzie teraz jestem. Tak stało się w niedzielny poranek, kiedy pozwolono mi wyjść na tę rozmowę o godzinie ósmej. No tak, obaj nie żyli, o czym mam mówić z kamieniami. Ale ponieważ cmentarz znajdował się w pobliżu aresztu, wysiadłem z tramwaju i poszedłem do grobu. Na początku nie wiedziałam, co powiedzieć, ale potem wydaje mi się, że rozmawiałam z nimi przez jakieś pół godziny i skończyłam ze łzami spływającymi mi po policzkach. Kiedy wróciłem do tramwaju, poczułem się o 10 funtów lżejszy. Od tego czasu pogodziłem się z moimi rodzicami, nawet gdyby byli tylko kamieniami i znowu z moich ust wyjdzie złe słowo o moich rodzicach, nie mam do tego prawa, powinienem zrobić lepiej, ale wydaje się, że mi się nie udało przynajmniej do tej pory. Pewnego ranka, kiedy wracałem do koszar do pracy, zdarzył mi się wypadek. Mieliśmy możliwość wyżywienia w barakach. Oznacza to, że mogliśmy zjeść śniadanie, obiad i od czasu do czasu jedzenie w formie puszek na wieczór. Otóż poszedłem jak zwykle na śniadanie o 6:30 i zjeść porządną świeżą bułkę. Nagle zauważyłem, że moje górne uzębienie zostało złamane pośrodku. Tak więc wieczorem w areszcie umówiłam się na wizytę u dentysty, bo nie dostałam ugryzienia. Ja też go dostałem i tego dnia musiałem zostać w placówce. Z góry należy przesłać, że w czasie pobytu w areszcie nie posiadałem ubezpieczenia zdrowotnego, a koszty leczenia pokrywał budżet wymiaru sprawiedliwości. Poszedłem więc do dentysty, który niekoniecznie był najlepszy, ale który dużo oskarżył wymiar sprawiedliwości za naprawę zębów. W czasie, gdy już to zarejestrowałam, moja zaćma pogorszyła się tak bardzo, że w końcu miałam tylko 2% wzroku. Oznacza to, że musiałem złapać krawężnik stopami. Błędnie zakładałem, że tę operację można również wykonać będąc w areszcie, ale dwa dni po zwolnieniu z aresztu 12 grudnia miałem prawe oko na operację, a tydzień później drugą.

Odrzucony 10 grudnia 2012 r.

Tego dnia zostałem zwolniony i stałem teraz na ulicy z około 700 euro, - wizją 2% i moim nędznym dobytkiem i bez dachu nad głową.

Ale ponieważ brat o imieniu Werner zaproponował, że wprowadzi się do jego gabinetu w 8. dzielnicy, kiedy byłem w areszcie, chętnie się zgodziłem. Mówił tylko, dopóki czegoś nie znalazłem. Skoro miałam teraz za dużo pieniędzy w kieszeni, to naturalnie swędziało, nie miałam takiego wyglądu podczas zatrzymania, choć pewnie byłoby to oparte na czasie. Tak więc stało się tak, jak musiało, kontynuowałem grę i po chwili brat Werner zapytał mnie, jak daleko posunęły się moje poszukiwania mieszkania. Widząc, że nie włożyłem w to zbyt wiele gorliwości, słusznie postawił mi ultimatum. To też przepuściłem i dlatego musiałem wystąpić do gminy Wiedeń o azyl dla bezdomnych, który dostałem również w XVI dzielnicy wraz z drugim w pokoju o powierzchni 20 metrów kwadratowych. Według mojej wyobraźni wyobrażałem sobie, że nie będziesz musiał za to nic płacić, ale to był błąd. Na pewno nie tyle za czynsz, ale przynajmniej 160 euro, które udało mi się zapłacić na początku. Ale z biegiem czasu nie było to już możliwe. Mimo doradców społecznych zostali zmuszeni do usunięcia mnie z domu. Co teraz? Tak więc mój pracodawca i przyjaciel Kamal zaproponował, że zakwateruje mnie w piwnicy swojej firmy, bez toalety i wody, ponieważ rok był już zaawansowany, a zima była tuż za rogiem, musiałem to zaakceptować, oczywiście bez wiedzy drugiego imprezy domowe. Nie byłam tam sama, miałam też zwierzęta w postaci myszy, które biegały po mojej twarzy podczas snu. To był chyba czas, kiedy przynajmniej raz w tygodniu myślałem, po co żyję. Niczego nie osiągnąłem, wręcz przeciwnie, wszystko zrujnowałem, w wieku 11 lat musiałem okłamać syna, że muszę pracować w Berlinie i dlatego dzwoniłem do niego tylko raz w tygodniu z więzienia. Już wtedy moje myśli samobójcze były bardzo ekstremalne. Oczywiście moi bracia i siostry we wspólnocie również wiedzieli o całej nędzy, ale też nie mogli mi pomóc, nawet jeśli chodziło o katechetę.

24 grudnia 2014 koniec

Teraz były Boże Narodzenie, takie jak w poprzednich latach. Spałem w piwnicy, miałem ze sobą zwierzęta i 20 euro w portfelu. Było jeszcze kilka artykułów spożywczych, bo z czasem udało mi się żyć za 6 euro dziennie na jedzenie i palenie. Cóż, co robisz z tymi pieniędzmi, idziesz do najbliższej hali hazardowej i kwota zniknęła. W tym momencie w gminie Wiedeń podjęto decyzję, że mała gra losowa zostanie przerwana 1 stycznia 2015 r. Czyli wszystkie maszyny jakie karmiłem przez ponad 30 lat były wyłączone, ale tylko w Wiedniu a nie w Dolnej Austrii. No cóż, nadszedł nowy rok, w Wiedniu nie było już maszyn, a pieniądze wróciły do kieszeni. Teraz miałem okazję wsiąść do pociągu, pojechać na przedmieścia Wiednia i dalej jeść te wiadra. Ale tak nie było, dlaczego do dziś nie mogę się wytłumaczyć, ale nieważne, na pewno nie będę tego kwestionował. Innymi słowy, po dobrych 30 latach i wynikających z tego trudnościach zostałem wyleczony z tego nałogu 24 grudnia 2014 roku. Od tego dnia nigdy więcej nie dotknąłem maszyny. Oczywiście nie mogłem odpowiedzieć, co przegrałem z biegiem czasu, ale zakładam, że była to zdecydowanie 7-cyfrowa kwota. Innymi słowy, zapłaciłem podatki od zysku i podatku od sprzedaży za swoją pracę i to nie jest zbyt rzadkie, przynajmniej z mojej strony, ale nie mogę ocenić, czy skończyło się to w odpowiednich urzędach, takich jak urząd skarbowy i gmina. Ciekawe było to, że kiedy miałam przymusową rezydenturę w 2012 roku, nie musiałam się bawić i prawie nie miałam wolności, znowu się to zaczęło. Jak poszło teraz? W lutym 2015 ponownie szukałam miejsca w schronisku dla bezdomnych i dostałam je od razu w 16 dzielnicy. Teraz wszystko działo się szybko po sobie. Pracownik socjalny, który się mną opiekował, wywierał na mnie dużą presję, abym otrzymał mieszkanie komunalne. Opłata za miejsce w wysokości 160,- € nie stanowiła już problemu, więc były płacone regularnie. Ponieważ w styczniu 2013 roku prezentowałam już mieszkanie wspólnotowe, nie bardzo miałam nadzieję, że tym razem się uda. W 2013 roku poprosili mnie o potwierdzenie rejestracji i umów najmu z ostatnich trzech lat. Udało mi się wypełnić potwierdzenie rejestracji, ale oczywiście nie mogłem podać umowy najmu. Nie pomógł też argument, że jestem obywatelką Austrii i urodziłam się w Wiedniu. Byłem wtedy tak wściekły, że dałem się ponieść, mówiąc, że ta negatywna notatka powinna mi zostać wystawiona, ponieważ potrzebuję tego dokumentu do konkretnej lokalizacji. Znowu z powrotem. Pracownik socjalny w tym domu poprosił mnie, abym miesiąc po miesiącu deponowała w domu pewną sumę, abym miała pieniądze na mieszkanie, kiedy wyjdę z domu. 1 lipca 2015 roku otrzymałem małe mieszkanie o powierzchni 36m2 w 20. dzielnicy, gdzie mieszkam do dziś. Ale ponieważ prawie nie miałem mebli, musiałem kupić wszystko, od kuchni do zabudowy po szafki. Ponieważ mieszkanie znajduje się na 5 piętrze, pomogła mi współlokatorka ze schroniska dla bezdomnych. Co się działo, uzależnienie od hazardu zniknęło, miałam własne mieszkanie, w którym do dziś nie ma zaległości w czynszu, a przede wszystkim nagle miałam w portfelu ponad 10 euro. To było cudowne uczucie i do tej pory nic się nie zmieniło. Innymi słowy, ożywiłem się, co to było, kiedy byłem graczem, niekoniecznie bym to do tego przypisywał.

Luty 2016 normalne życie

Na początku 2016 roku do mojej skrzynki wleciała pocztówka. Przeczytałem to i stwierdziłem, że jest to portal internetowy, w którym można się zarejestrować za darmo. Po tym, jak było za darmo, też to zrobiłem. Całość była stroną internetową z dobrymi setkami różnych grup, w zależności od ich zainteresowań. Ponieważ zawsze byłem ciekawski, spojrzałem na grupy i znalazłem około 4 do 5 grup, które do mnie przemówiły. Dla dwóch z nich ustaliłem zajęcia w klubach

50+ i 60+, co również odpowiadało wiekowi członków. Teraz Helmut, administrator grupy 60+ Treff, co dwa tygodnie o godzinie 18:00 organizował wizyty w restauracjach. Za każdym razem w innej restauracji. Ponieważ nic takiego nie wiedziałem z mojej przeszłości, z przyjemnością zawsze dobrze tam jadłem i plotkowałem przez około 3 do 4 godzin z 8 do 10 osobami, które tam były. Druga grupa, 50+, od początku była dla mnie wyzwaniem. Wtedy administrator napisał, zapomniałem nazwiska, znowu co 2 tygodnie w piątek wieczorem o godzinie 18:00 spotkanie na straganie w III dzielnicy. W tej grupie jednak nie skupiano się na jedzeniu, ale znacznie bardziej na społeczeństwie. Ponieważ jednak spotkania te nie były optymalnie zorganizowane, tylko garstka przyjechała na te spotkania, ale niewiele więcej było możliwe, na tym stoisku zabrakło miejsca na więcej. Dużo dokładniej robił to administrator Helmut z grupy 60+ Treff aż do swojej śmierci w 2019 roku. Na oba spotkania zawsze zabierałem ze sobą przyjaciela Romana, ponieważ był wtedy singlem, ale wrócę do niego później. Jak powiedziałem, w grupie 50+ nie działo się zbyt wiele, więc podjąłem inicjatywę umieszczania spotkań online co 2 tygodnie za pośrednictwem tej grupy. Grupa liczyła wtedy około 100 członków, więc zareklamowałem spotkanie w jadłodajni, a nie w bufecie na straganie na portalu. Na początku było może od 7 do 8 osób z tej grupy i oczywiście główny nacisk kładziono nie na jedzenie, ale na rozmowę i konwersacje. Ciekawe, że przy każdym z nich było stale więcej kobiet niż mężczyzn co 2 tygodnie. To znaczy, że czasami zdarzało się, że Roman i ja byliśmy jedynymi mężczyznami. Ale po tym, jak pokochałam otaczanie się kobietami, co również było dla mnie nowym doświadczeniem, odpowiednio je przyjęłam. Oznacza to pocałunki na lewo i prawo, kiedy zdałem sobie sprawę, że miało to wpływ na późniejszą jakość rozmowy. Na początku było to trochę uciążliwe, ale z biegiem czasu na te spotkania przychodziło coraz więcej. Liczba członków w tej grupie również stale rosła, aż do końca z dobrymi 500 członkami. Ponieważ nie byłem administratorem tej grupy, oczywiście pojawiła się wrogość do innych członków tej grupy, między innymi z argumentem, że była to wymiana partnerska, którą ponownie umieściłem na stronie z odpowiednimi komentarzami. W 2018 i 2019 wpadłem na pomysł, że niekoniecznie musisz iść do pubu, ale jest też kultura i lekkie sporty. Spotkania te niekoniecznie były akceptowane przez członków. To był kabaret, kręgle, bilard lub mini golf, więc żadnych wymyślnych rzeczy. Na takie spotkania przychodziło tylko od 5 do 6 osób, więc wróciłem na spotkania lokalne. Kiedy pandemia nadeszła w 2020 roku, w lutym mieliśmy ostatnie spotkanie w 3. dzielnicy. Kilka miesięcy później zostałam poinformowana przez Pamelę, że nie może już znaleźć na stronie grupy 50+ Treff. Ale ponieważ takie spotkania nie mogły się odbyć z blokadą i innymi ograniczeniami, nie zauważyłem tego faktu. Zbadałem to i stwierdziłem, że zarówno grupa 60+ Treff, która jednak nie miała żadnych działań po śmierci administratora, jak i grupa 50+ Treff i jej członkowie zostali usunięci z tej strony. Tłem było i stało się jasne jakiś czas wcześniej, że oprogramowanie (rzekomo Ubuntu) za nim uległo awarii i nowe oprogramowanie zostało zainstalowane za pośrednictwem tej witryny. Ponieważ teraz nazywam siebie programistą, około dwa razy pisałem do tej firmy, właścicieli tej strony, aby dowiedzieć się, co by się tam stało. Odpowiedź brzmiała, że niektórych starych grup nie można już przywrócić. Oczywiście skomentowałem też, że można to bardzo dobrze zrobić, ale też ogromnym nakładem czasu, bo dane muszą być dostępne, wystarczy je przeczytać i dodać do nowego portalu.

Wydarzenia taneczne jesień 2015

Mój przyjaciel Roman, którego znałem od kilku lat, zapytał mnie kiedyś, czy moglibyśmy w sobotę potańczyć w Towarzystwie Emerytów w Wiedniu, co wtedy zrobiliśmy. I tak chodziliśmy tańczyć w każdy sobotni wieczór albo w 2. dzielnicy, albo w 20. dzielnicy, dopóki pandemia nie nadeszła w 2020 roku i oczywiście nie było więcej wydarzeń. Nie byłem wtedy emerytem, ale co tam, podobało mi się to, nawet jeśli nie jestem zawodową tancerką (przypadek beznadziejny).

Rodzina

No tak, prawdopodobnie miałam to od około 10 do 11 lat, ale kiedy poszłam do szkoły z internatem, związek musiał się pogorszyć, bo tam, czy tego chciałem, czy nie, 90% moich decyzji musiałem podejmować samemu. Robiąc to, prawie nikt nie był po mojej stronie z radą. Wątpliwe jest również, czy bym to zaakceptował, czy nie. W dzieciństwie miałam w weekendy dobre relacje z moimi 3 kuzynami, którzy są trochę młodsi ode mnie, z czwartą miałem kontakt tylko dwa razy, na ich własne życzenie. Oznacza to, że prawie w każdy weekend widywałem 3 dziewczyny w 11. dzielnicy. Jeśli chodzi o mojego brata, przez około 16 lat byliśmy jednym sercem i jedną duszą. To się zmieniło, kiedy powiedział, że musi mieć teraz żonę. Kiedy miał około 30 do 35 lat, zażądał od swoich rodziców spadku w gotówce w mojej obecności w Dolnej Austrii. Powodem było to, że był teraz żonaty, miał dwie córki i powiedział, że musi budować życie tu i teraz w Niemczech. Ponieważ prośba ta została wyrażona z siłą fizyczną, „pożegnał się" na dobre 20 lat. Nie mieliśmy z nim kontaktu dopiero na krótko przed śmiercią naszego ojca. Do dziś nie mam z nim żadnego kontaktu i nie wiem o nim ani o sobie, gdzie mieszkamy. Co do mojego syna, który ma teraz 20 lat, to należy powiedzieć, że w 2012 roku nie mogłam mu powiedzieć, że jestem w areszcie, ale że muszę pracować za granicą, miał wtedy 11 lat. Mój partner i ja zgodziliśmy się na to. Miałem z nim dobre stosunki przynajmniej do czasu, gdy zostałem zmuszony do pozostania w 11. dzielnicy, nawet jeśli był to tylko weekend. Ponieważ moim zdaniem kochany krewny mojego byłego partnera poinformował go, gdzie tak naprawdę byłam w 2012 roku, mimo kilku prób od kwietnia 2018 roku nie miałem żadnego kontaktu, ostatni raz widziałem go 15 lipca 2017 roku. Relacje z moją matką były właściwie tylko w pierwszych latach mojego życia, ale ponieważ byliśmy bardzo różnymi postaciami, zmieniło się to najpóźniej wraz z internatem, ale to nie zmieniło faktu, że stałem przy niej w ostatnich latach jej życia. Ale to, co mnie bardzo uderzyło i to nadal mnie niepokoi, że nigdy nie mogłem porozmawiać z moim ojcem, a on prawdopodobnie też nie mógł rozmawiać ze mną.

Przyjaciele

Na przestrzeni lat na pewno miałem kilku znajomych, których staram się tu zaliczyć, choć nie mam do tego za bardzo prawa, ale jak powiedziałem, tak to widzę. Wśród moich najlepszych znajomych byli z pewnością ci z Dolnej Austrii, których już wiedziałem, gdy miałem 12 lat, nauczyłem się. Ponieważ jednak były one rozsiane po całym kraju związkowym Dolnej Austrii, przyjaźń zakończyła się po około 15-20 latach. Co do mojego wiedeńskiego przyjaciela, nadal nie wiem, dlaczego nigdy nie powstrzymał mnie przed uzależnieniem od hazardu. Ale chciałbym mu przyznać, że nie byłby w stanie tego zrobić. W 2005 lub 2006 roku miałem problemy z moim komputerem stoiskowym w sklepie i ponieważ pieniądze były zazwyczaj ciasne, szukałem naprawy komputera, który również znalazłem w 20 dzielnicy. Tam trafiłem do baru w piwnicy dwie ulice dalej. Kiedy zobaczyłem osobę o imieniu Kamal, zdałem sobie sprawę, że to musi być Arab i zwróciłem się do niego w ten sposób, ponieważ miałem do czynienia z tymi ludźmi od lat. Odpowiedział na moje arabskie słowa, a także powiedział, że urodził się w Aleksandrii, ale jest teraz obywatelem Austrii. Rok czy dwa później przeniósł się dwie ulice w dół do restauracji na parterze, gdzie jakiś czas później zatrudnił mnie, on jest odpowiedzialny za sprzęt, a ja za oprogramowanie. To on zaproponował mi schronienie w piwnicy w roku, w którym go nie miałam. Mniej więcej rok później do naszego sklepu w 20 dzielnicy przyszedł nieco starszy pan, jak się okazało, był o 20 lat starszy ode mnie. Powiedział, że ma problemy z własną stroną internetową, ponieważ oprogramowanie zostało dostosowane, nie zna się już na tym i chce dodać kilka rzeczy. Może chciałbym zobaczyć, co zrobiłem na miejscu. Tam znalazłem dość dużą stronę internetową, nad którą sam pracował przez lata, i wczytałem się w ten system. W końcu udało mi się rozwiązać problemy z konwersacją, które miał z nowym systemem. Z obu spotkań rozwinęła się przyjaźń, która trwa do dziś i której też nie chciałbym przegapić. Tak, nawiązano kontakty z grupami 60+ klubów i 50+ klubów, ale one znowu zakończyły się pandemią.

Związki partnerskie

Pierwsze partnerstwo z koleżanką z ośrodka badawczego trochę mnie rozczarowało, bo byłem trochę zlekceważony, że zmusiła mnie i dziecko do zamieszkania pod tym samym dachem co jej rodzice, przez co jej ojciec przyjął mnie bardzo dobrze, ale jego żona Kto musiał wszystko wiedzieć, trochę mnie zirytował. Jeśli chodzi o moją drugą żonę w moim życiu, była ona bezsprzecznie kobietą mojego życia, inaczej partnerstwo nie trwałoby dłużej niż 20 lat. To, że się rozpadło, pomimo 8-letniego wówczas syna, to chyba w 95% moja wina. Dopiero z perspektywy czasu odkryłem, że nigdy nie rozmawialiśmy o sobie i swoich problemach, a potem, tak jak po rozstaniu, było już za późno. Może to by coś zmieniło, gdybyśmy powiedzieli wcześniej. Nie wiem. Ponieważ o grupie 50+ Treff mówiło się, że jest swego rodzaju portalem partnerskim od samego początku mojej pracy dla tej grupy, stało się tak, jak musiało. To był piątek przed Pięćdziesiątnicą w 2017 roku, 8 lat po tym, jak Britta z Dolnej Austrii rozstała się ze mną. Po raz kolejny spotkaliśmy się tam w barze i ogródku pubowym. Poszedłem tam jak zwykle z moim przyjacielem Romanem. Potem przyszła Pamela, członkini grupy Treff 50+ i rok młodsza ode mnie, i usiadła między mną a Romanem. W trakcie wieczoru nawiązała się jednorazowa rozmowa między mną a Pamelą i dużo rozmawialiśmy i śmialiśmy się, tak że tak naprawdę nie zauważyłem już innych uczestników. W trakcie zauważyłem, że za każdym razem, gdy mieliśmy się z czego śmiać, poklepała mnie po ramieniu lub udzie. Zarejestrowałem się dobrze, ale co teraz, bo pod tym względem nie byłem najodważniejszy. Ale nabrałam odwagi i zapytałam, czy nie możemy spotkać się gdzieś w sobotę Zesłania Ducha Świętego na spacer, co też zrobiliśmy następnego dnia.

Wypadłem z chmur i poszedłem na dzień wspólnoty mojej wspólnoty w niedzielę Zesłania Ducha Świętego. Ale ponieważ zawsze było zwyczajem w takie dni jak ten, po krótkiej modlitwie porozmawiać o ścieżce i swoich przeżyciach z nią, i że przy około 20 osobach, oczywiście dobrowolnie, po jakimś czasie zacząłem. Jak powiedziałem, miałem 57 lat i rozmawiałem z Pamelą przez telefon przed wejściem do budynku. Powiedziałem więc, że cierpię na nieuleczalną chorobę, która może dotknąć każdego i inne kwieciste wypowiedzi z mojej strony. Rozejrzałem się i poza zrozpaczonymi twarzami nie mogłem niczego rozpoznać. O czym ja mówiłem? No i oczywiście były pytania i stwierdzenia typu: mówisz jak 16-latek a jeden z obecnych 22-latek zapytał mnie: Edi jesteś zakochany, co oczywiście ja nie mogłem zaprzeczyć. Miesiąc później 15 lipca 2017 wyobraziłam sobie, że Pamela i ja jesteśmy parą, po raz ostatni pojechałam zobaczyć się z synem w Dolnej Austrii, czego wtedy nie znałam. Ponieważ szybko zorientował się, że jestem nadmiernie podekscytowany, wyznałem mu, że w moim życiu pojawiła się nowa kobieta, a także pokazałem mu jej zdjęcie, którego później żałowałem. W tym czasie Pamela była już na kuracji w Styrii. Kiedy wróciła, dowiedziałem się, że inny członek grupy Treff 50+ śledził ją w tym uzdrowisku i Pamela mnie zabrała. Ponieważ ten człowiek też niekoniecznie był towarzyski, to partnerstwo między Georgiem i Pamelą było tylko tymczasowe. Cóż, spotkań było więcej i w sierpniu 2018 odbyło się spotkanie w Heuriger w 19. dzielnicy. Niektórzy ludzie z tej grupy, a także ja założyliśmy grupę w Whatsapp i wysyłali nam zdjęcia tam, iż powrotem w różne miejsca. Tak więc w ten piątek do grupy dołączyła nowa kobieta o imieniu Anna, pochodząca z Polski i miła dla oka. Potrafiła śmiać się bardzo serdecznie, co zrobiło na mnie ogromne wrażenie. Dołączyła również do naszej grupy w Whatsapp, a następnie wymyślała zabawne wkłady, co dało tej grupie impuls. Pewnego dnia we wrześniu 2017 roku napisała, że winogrona w 22. dzielnicy są dojrzałe i ktoś z tej grupy nie może jej pomóc przy zbiorach. Przeznaczyła na to dzień w następny weekend. Odpowiedź na to była zerowa. Pomyślałem więc sobie, dlaczego nie, poczytać winogrona i umówić się na spotkanie w 22. dzielnicy. Znalazłem naprawdę dużo winogron, które zbieraliśmy w ciągu dnia, a wieczorem przerabialiśmy na syrop i sok. Ale ponieważ nic nie „uciekło" w sobotni wieczór, czas minął i tego dnia staliśmy się parą. W połowie października, po miesiącu partnerstwa, powiedziała, że lepiej by się czuła, gdyby została sama, co musiałam zaakceptować. Dobrze czy nie, to też się rozpadło, ale zawsze były spotkania w grupie i tak w listopadzie 2017 w 3. dzielnicy. Byliśmy tam około 20 osób, gdzie mieliśmy problemy z przestrzenią w tej restauracji. Kiedy wszystko się skończyło około 9 rano, wyszliśmy z Romanem na ulicę, na której stały dwie kobiety o imieniu Tine i Julia. Nagle Tine zapytał: Co teraz robimy? Byłem trochę zakłopotany, ponieważ nie spodziewałem się takiego pytania od kobiety. No więc poszliśmy do pobliskiej kawiarni i zatrzymaliśmy się tam około godziny. Wtedy Tine dowiedziała się, że jestem zajęta komputerami i powiedziała, czy mogę rozwiązać problem z jej komputerem w jej domu, co założyła po podaniu adresu w 14. dzielnicy. Kobieta była ode mnie o około dwa lata starsza i niekoniecznie szczupła. Ta naprawa komputera czy ta wizyta zamieniły się w więcej, choć z wyglądu niekoniecznie mi się to podobało. Większość czasu spędzałem z nią, iż nią. Miała nowe mieszkanie, ale chyba nie czuła się tam jak u siebie w domu, bo zawsze musiała coś kupić lub po prostu gdzieś pojechać, była kierowcą z pasją. W tym czasie obsypywała mnie ubraniami i innymi rzeczami i zawsze płaciła w pubie. Kiedy zapytałem ją, że tego nie chcę, bo w międzyczasie mam już dość ubrań w pudłach, trochę się zdenerwowała. Więc pewnego weekendu pojechała do swojej siostry w najgłębszym Burgenlandzie i po drodze zadzwoniła z samochodu. Dla mnie to właśnie pękło lufę. Decydowała o wszystkim bez konsultacji ze mną i powiedziała, że może kupić moją miłość za mnóstwo prezentów. Więc ten odcinek też się skończył. Latem 2018 roku wybraliśmy się z Romanem potańczyć w I dzielnicy, obaj singlami, imprezę znaliśmy od dawna, a przede wszystkim dwoje organizatorów. Kiedy tam dotarliśmy, prawie nie było już miejsca, więc oboje musieliśmy usiąść przy stole, przy którym siedziały już dwie kobiety. Jedna nazywała się Graziella (częściowo włoscy rodzice) i niestety nie pamiętam imienia drugiego. Teraz, gdy siedzieliśmy przy tym samym stole, musiałem też poprosić panie do tańca, więc Graziella i ja wkrótce usiedliśmy obok siebie i powiedziała mi, że ma problemy z komputerem. Znałem już dobrze tę kłótnię, a Graziella była ode mnie dużo starsza, ale mimo to potwierdziła, że zobaczę ją w jej domu w 16. dzielnicy. Tam też był ten sam wynik, co przy Tine, spotkaliśmy się razem. Miała długoterminową dzierżawę w siedemnastej dzielnicy z małym domkiem w odpowiednio dużym ogrodzie, gdzie nie można było swobodnie poruszać się wśród ogromnej ilości roślin i drzew. Ponadto miała winorośl nad tarasem na dachu, gdzie również zbieraliśmy winogrona, a następnie je przetwarzaliśmy, co znowu jest doświadczeniem aha. Ponieważ można było nie tylko poruszać się po ogrodzie, dotyczyło to również wnętrz domu, a w końcu także mieszkania. Partnerstwo było zatem ograniczone w czasie. Sama nie do końca jestem głupcem w sprzątaniu, ale chciałbym móc się poruszać w pokoju i tak ciasno mi było w 2012 r. Na początku listopada 2018, pewnego sobotniego poranka po śniadaniu, zostawiłem to połączenie w spieszyć się. W tym momencie wpadłem do głębokiej dziury, ponieważ musiałem się zastanawiać, co robię źle. 4 kobiety i ze wszystkimi nie wyszło, czy to moja przeszłość, czy to moje "bogactwo"? Cóż, pod koniec listopada, w sobotę 24 listopada 2018 r., odbyła się kolejna impreza taneczna. Mój przyjaciel Roman namówił mnie, abym poszedł na ten taniec w 2. dzielnicy. Ale nie miałem na to ochoty. W końcu w końcu zaprowadził mnie tak daleko. Siedzieliśmy przy stole z około 8 osobami. Naprzeciwko zobaczyłem blondynkę, która moim zdaniem przebywała w towarzystwie starszego pana. Niewiele tańczyłem tego wieczoru od 18:00 do 21:00 przy muzyce na żywo. Pod koniec dana pani wróciła do stołu i powiedziała do Romana i mnie, czy w ogóle nie chcemy tam tańczyć. Tylko źle zrozumiałem to stwierdzenie i dlatego nie zareagowałem. Roman natychmiast podskoczył i poszedł z nią tańczyć. Teraz to wydarzenie się skończyło i poszliśmy do szatni. Nagle ta kobieta o imieniu Ully stanęła obok mnie i zapytała: Idziesz ze mną, mam na myśli Romana i mnie. Po tym, jak był sobotni wieczór i też nie było późno, nie miałem nic przeciwko temu, żeby pójść ze mną i to też powiedziałem Romanowi. On też się zgodził i tak po długich poszukiwaniach około 8 osób trafiło do baru w I dzielnicy. Zanim poszła do szatni, podała Romanowi swój numer telefonu komórkowego, który zarejestrowałem tylko marginalnie. No to teraz siedzieliśmy Ully obok mnie w tym barze, a Roman wygłosił wykład na temat szamanizmu i energetyki. W trakcie wieczoru okazało się, że Ully nie przyjechała ze starszym panem, ale ze swoją przyjaciółką Moniką. Jak tylko to zarejestrowałem, byłem trochę zawstydzony, co mi się podobało w tej pani. Teraz Roman miał jej numer, ale nie mogłam o niego prosić. Wziąłem więc wizytówkę z restauracji i napisałem na odwrocie swój numer telefonu. Gdy wyszedłem z restauracji, dałem jej tę wizytówkę, co niestety również zauważył Roman. Byłem więc w diabelskiej kuchni, a Ully miała dwa numery telefonów komórkowych od Romana i ode mnie. Następnego dnia, w niedzielę, czekałem, aby zobaczyć, co się dzieje. Rano nic się nie wydarzyło, ale o drugiej była telefon komórkowy, a Ully była na linii. Zapytała mnie, czy nie moglibyśmy nawet iść na kawę. Moja odpowiedź na to: Natychmiast i natychmiast - masz przerwę w przekazie. Tak, wciąż musi coś naprawić i oddzwoni za około godzinę. Ale to nie była godzina, tylko pół godziny i spotkaliśmy się w kawiarni w 20. dzielnicy. Potem poszliśmy tam do kina, a ponieważ to nie wystarczyło, poszliśmy też do salonu na 1 piętrze. Opowiedziałem jej, tak jak byłem do tego przyzwyczajony, wszystko z mojego przeszłego życia, które niekoniecznie musi być produktywne. Nagle odwróciła się do mnie i pocałowała mnie w policzek. Od tego czasu jesteśmy parą, nawet jeśli istnieje różnica wieku o kilka lat. Czemu? Ponieważ uważam, że jest najlepsza z 4 kobiet wcześniej.

Neokatolicki koniec

Kiedy dołączyłem do stypendium lub ścieżki w 2011 roku, od początku było jasne, że przejście tą ścieżką zajmie około 30 lat. Teraz w 2017 roku w ten weekend Zielonych Świątek musiałam przeżyć swoje doświadczenia, co oznacza interpretacja partnerstwa na tej drodze i dlatego trochę się rozmyśliłam. Kiedy moja siostra Maria ze wspólnoty odebrała sobie życie w kwietniu 2018, po 7 latach przynależności, postanowiłam zakończyć ścieżkę i to samo zrobiłam w maju 2018 na Nieszporach za zmarłych. Pomyślałem w związku z tym, że nie mogłem już zgodzić się z niektórymi argumentami po drodze. Dotyczyło to oczywiście interpretacji związków partnerskich, a także ożywiania wiary. Czy jestem teraz wierzący, czy nie: To pytanie nie może i nie chcę tutaj odpowiadać, przede wszystkim może sama jednostka? Ze swojej strony staram się teraz żyć wiarą po opuszczeniu wspólnoty. Od tamtej pory nadal utrzymuję kontakt z Bogiem, nawet jeśli wyraża się to tylko w cichej modlitwie z Nim.

Klienci

W ciągu mojego życia z pewnością miałem kilkuset klientów, których zawsze traktuję z szacunkiem i uprzejmością, bez względu na to, czy pochodzą z kraju czy z zagranicy. Jeśli chodzi o bazę klientów w czasie, gdy sprzedawałem gazety i czasopisma, miałem kilka negatywnych doświadczeń. Ponieważ 99% z nich zawsze było obcokrajowcami, nie musiałem nawet patrzeć na swoje pieniądze, ponieważ ludzie wyjechali do swojego kraju i zignorowali moje żądania. Moi klienci, którymi jestem już zupełnie inny w branży komputerowej, zawsze cieszą się, gdy do mnie dzwonią. Wiesz, że nie odpoczywam, dopóki problem nie zostanie rozwiązany, a to może zająć trochę czasu. Ale nie pamiętam klienta z czasów, kiedy tworzyłem oprogramowanie. To mieszkaniec Niemiec, ale innego pochodzenia. Jego trzy firmy to gabinet stomatologiczny, laboratorium dentystyczne i magazyn stomatologiczny. Jesienią 2010 roku do naszego sklepu przyszedł jego pracownik z magazynu stomatologicznego. Tłem było to, że program obliczeniowy już nie działał i zapytał, czy mogę to naprawić. Ponieważ ten człowiek niekoniecznie miał wiedzę handlową, stwierdziłem, że tego programu nie można już zapisać. Teraz zauważyłem, że całość składała się zasadniczo z trzech firm o bardzo różnych podejściach. Tym samym w ramach naszej firmy w 20. dzielnicy stworzyliśmy ofertę dla wszystkich trzech firm z księgowością finansowo-inwentaryzacyjną, open item management. Zarządzanie kontaktami z klientami i dostawcami i wiele więcej. Przedstawiłem to szefowi, a on zaczął przyjmować poszczególne części tej oferty, a inne odrzucać. Ale ponieważ zawsze mam ambicję tworzenia wszystkiego w 100%, tak też było w tym przypadku i oczywiście również ze względu na to, że zapadła decyzja o przyjęciu kolejnej części naszej oferty.

Ale ponieważ oprogramowanie nie jest statyczne, program był często dostosowywany. Więc chodziłam do jego hurtowni dentystycznej do czterech razy w tygodniu, aby to zrobić, za każdym razem z podziękowaniem za siedem lat. Ponieważ obecni tam pracownicy niekoniecznie byli kupcami, nie mogli przeprowadzać corocznej inwentaryzacji. To znaczy do czasu inwentaryzacji w 2017 roku przeprowadzałem to przy pomocy obecnych tam osób. Ale ponieważ wiem z doświadczenia handlowego, że coś takiego należy zrobić w ciągu maksymalnie dwóch dni, miałem z tym problemy. Ostatnia inwentaryzacja była realizowana etapami w ciągu dwóch tygodni. Z góry uzgodniono, że przesłana przez nas faktura zostanie opłacona trzykrotnie. Pierwsza częściowa kwota z trzycyfrową kwotą w euro została zapłacona, reszta jest nadal otwarta. Argumentem klienta było to, że mój program nie działa, co jest fundamentalną sprzecznością samo w sobie. Z jednej strony oprogramowanie działało bezawaryjnie przez siedem lat, z drugiej strony używają go do dziś i używają go również od czterech lat. Więc wróciliśmy do dobrego 4-cyfrowego. Zlekceważono nawet list od prawnika z groźbą nakazu zapłaty. Odnośnie moich obecnych klientów, którymi opiekuję się dzisiaj w ramach naszej działalności, powiem, że są do mnie całkowicie entuzjastycznie nastawieni, bo wiedzą, co ode mnie dostają. Z jednej strony nie jest to tylko szybka wizyta, ale także wiedza klienta, że nie poddaję się, dopóki nie znajdę rozwiązania. Być może wymaga to czasu, ale cieszę się też za każdym razem, gdy widzę, że to działa.

Wznawianie

Ty, jako czytelnik, możesz teraz pomyśleć, że przeczytałeś, że to nie jest życie. Tak, może być, ale jak już wspomniałem, to były wyłącznie moje decyzje, czy były słuszne, czy złe, zawsze można je określić tylko z perspektywy czasu. Powstaje więc kolejne pytanie, czy jestem szczęśliwy. Ale ponieważ jest to ocena czysto subiektywna, każdy odpowiedziałby na to inaczej. Jestem szczęśliwy. Czemu? Kiedy myślę o czasie mojego uzależnienia, to nie było tak naprawdę to, co nazywa się życiem, więc cieszę się, że przeszedłem przez ten okres. Jak mi się to wtedy udało, nadal nie jest jasne, ale cieszę się, że udało mi się przez to przejść. Czy jestem usatysfakcjonowany, jak to sformułowałem w mojej pierwszej książce, pozostaje bez odpowiedzi. Powodem tego jest to, że mój najbliższy przyjaciel rozstał się ze mną na własną prośbę po dobrych 10 latach, czego do dziś nie rozumiem. Nie wiem, co jeszcze przygotowało dla mnie życie, ale nic więcej nie może nadejść, co by mną wstrząsnęło.